Alibaba Saga

阿里局2
逆袭者

和阳　著

SPM
南方出版传媒
广东经济出版社
—广州—

马云

阿里巴巴集团董事局主席

我们相信只有建立一套制度，形成一套独特的文化，才能解开企业传承发展的难题。

关明生

原阿里巴巴总裁兼 COO

价值观即游戏规则，例如，在阿里巴巴，客户第一，员工第二，投资者第三。

卫哲

原阿里巴巴 B2B 公司 CEO

一生二,二生三,三生万物，阿里巴巴的“一”就是“中供”。

李旭辉

原阿里巴巴 B2B 公司 COO

拜访客户如同圈地播种，土地越大，播下的种子越多，假以时日就能采集到更大的果实。

邓康明

原阿里巴巴 B2B 公司人事资深副总裁

有伤疤，才会让组织更加紧密，风花雪月、风和日丽的时候形成不了团队；只有打恶仗的时候，才会形成最原始的那种具有江湖气的组织。

干嘉伟

原阿里巴巴 B2B 公司副总裁

一个企业要时刻牢记：运营是生存的根本。

俞朝翎

原阿里巴巴 B2B 公司资深总监

打造一支铁军一定是上下同欲，要么一起完成，要么都完不成，特别是领导者。

陈国环

原阿里巴巴 B2B 公司国内事业部渠道总监

企业 CEO 要敢于用人，越是驾驭不住的，越要敢用。

王正洪

原阿里巴巴 B2B 公司大区总经理

互联网创新企业最根本的两大发动机组织，一个是产品研发团队，一个是业务运营团队。

张卫华

原阿里巴巴 B2B 公司大政委

文化是虚的，但必须做实。虚的一面是意识形态上的，比如使命、愿景、价值观；实的一面是具体行为，比如行为规范、方式方法、制度。

吕广渝

原阿里巴巴 B2B 公司副总裁

一件事情成与不成，到底有没有规律？我自己总结就四个字：势起人成。

贺学友

原阿里巴巴 B2B 公司区域经理

一个顶尖销售员的基本能力就是精准销售，为什么有的人销售能力强，有的人销售能力弱，差别就从这里开始。

王永森

原阿里巴巴 B2B 公司大政委

阿里铁军成功的最关键因素在于它有一个完整的体系。上有使命、愿景、价值观，中有非常完善的管理体系和业务体系，下有很强的执行力。

张强

原阿里巴巴 B2B 公司主管

一个管理者最重要的工作，不是给员工定战略和目标，而是给所有人做榜样，并通过这钟方式改变别人。

王刚

原阿里巴巴 B2B 公司资深总监

看人，一定要“闻味道”，在阿里巴巴内部，这是一个重要的人才选拔准则。

李立恒

原阿里巴巴 B2B 公司销售培训部负责人

一个运营团队，它的核心使命是赋能销售与业务。运营要跑到业务前面，站到业务前面去看，带着业务往前走。

吴志祥

原阿里巴巴 B2B 公司销售员

战略对于团队真正的价值在于明方向、聚共识。对战略思考的深度就是核心团队思考的深度。

唐万里

原阿里巴巴 B2B 公司区域经理

创业是一场马拉松，但每天都要用百米冲刺的速度跑。累趴了，咬咬牙还要站起来，再摔倒、再起来，反反复复，直到爬到终点。

程维

原阿里巴巴 B2B 公司区域经理

当没有人相信你的时候，你只有坚持和拼搏，不停地努力，一直到把事情做成。

目 录

第一部分　出局——帝国和生态系统

第三部分 尾声——并非终局

第一部分

出局——帝国和生态系统

卫哲眼看着自己来时还是集团领头羊的业务，没几年便落后于人，有竞争意识的他不甘示弱，推出了阿里巴巴 B2B 公司的转型计划，计划在保留信息业务的前提下，逐渐增加服务和交易模块业务，以实现 B2B 业务从“Meet（相遇）”到“Work（工作）”的跨越。

当卫哲作为 CEO 致力于公司的整体转型并颇有成效时，对马云一直强调的价值观或许有所忽略。2009–2010 年，中供前线销售团队中约 100 名基层员工或蓄意或因疏忽，容许了超过 2300 个不法分子进入其付费会员体系，进而导致了不少海外买家被骗。

老业务的意外事件让马云震怒。笔者认为，马云多半是将此事件的处理方案视为阿里巴巴将走向何种未来的象征。如果处理不好，或许会向外界发出阿里巴巴是一个帝国的信号，而马云已经想清楚了阿里巴巴的未来——生态系统。因此，马云对中供团队进行了严惩。

这些惩处极大地伤害了中供团队的情绪，他们决定走——阿里巴巴的地推铁军开始解体。

第一章　B2B 求变

马云内疚

王刚确实是中供的异类。像他这样，在阿里巴巴能升级知识结构、思维框架的早期员工，在笔者印象里只有他一个。那时的中供系，大部分人都处于让马云既感动又“莫名其妙内疚”的状态。“感动”好理解，这是一种老乡见老乡、两眼泪汪汪的共鸣，中供是阿里巴巴的起点[①]，中供是马云说了千百遍的价值观。

“内疚”在于马云分给中供的时间太少，而且无法改变。2010 年 12 月 1 日，阿里巴巴 B2B 公司的 11 名“百单英雄”[②]与马云相聚江南会，马云惭愧地对他们说：“最早的百年大计，我每一期总能参加，现在的时间实在是……当然这是借口了，时间总是能挤得出来。啧，所以每次都觉得，啧，哎呀，有内疚感。”

过了一个多月，在中供的部门年会上，马云又谈到了这股内疚：“我

① 卫哲的评价是：一生二，二生三，三生万物，阿里巴巴的“一”即是中供。

② 签约 100 个及以上客户的销售员，即可进入百单俱乐部，获得这个新签（业务）的最高荣誉。

每次讲到 ICBU（中供）都有内疚之心，前段时间跟 Elvis（李旭晖）好好聊了一会儿，挺内疚，很多区域本来说好要去，但还是没去成，每天不知道为什么那么忙……最近公司内部有人说，马总，你经常讲淘宝，经常讲支付宝，怎么很少提 B2B，而说感谢 B2B，是不是我们老了？……作为 CEO，我时间有限，能力有限，我只能抓住最重要的。前几年死抓淘宝，然后去年配合支付宝，把支付宝拎起来，建立起整个信用体系，接下来花时间做阿里云……"

"内疚"还在于马云对中供铁军个人成长的不如意有些许歉意。他说："我不希望大家一辈子从事销售。我不觉得销售可以做一辈子，（不觉得）销售是一辈子的技能。毕竟（人）年纪会大，家人会担心。电话销售，每天坐在那个地方，讲同样的事情，做同样的事情，嗓子会越来越哑，我觉得肯定受不了。中供（人）年龄到了，我觉得我们也会……"

至于为何"莫名其妙"，笔者觉得或许是因为员工成长是员工与企业共同施力才能有所作为。毕竟，一个成年人与商业组织缔结了契约关系，公司应该为他们的成长负责。而很多中供系成员由于种种原因，满足于执行力见长的角色。对此，马云很清楚。

日后，马云总结个中缘由："我们 B2B 的人才不少，但是这套管理体系（自上而下）使 B2B 的很多人不思考、少思考，就只把自己这块活干好就行了，边上的事情不管。"

干嘉伟认为马云说得不错。2010 年，因为带直销团队"走到最后很累"，干嘉伟反思出了自己的短板就是如马云所言——思考维度、能力维度较为单一。"我的短板是中供团队普遍的一块短板，我们做一件事儿打得非常深。它（中供）是标准产品、标准定价，不需要你在产品、技术价值上想太多。你把它卖好即可，中供就是‘奶牛’，说白了就是挤一挤乳房。”

干嘉伟认为马云所言也是无可奈何的结果。“淘宝、支付宝的产品和运营模式跟 B2B 团队有明显的不同。让淘宝小二去搞直销，也会有他们的局限性。中供是一个标准化产品，向大量没接触过网络的企业家售卖一个几万元的、看不见、摸不着的后台账号，销售难度极大，很多时候是凭着团队的执着和对直销技能的精益求精，才能打动客户，让客户相信你，进而愿意试一试。那时候有些想法的人不是没有，但最终很少存活下来，都已经走了。”

也就是说，在某个阶段而言，这是两类人才的二选一，但马云期待的或许是人才能拥有两项能力特质，或者能跨越不同的阶段。

马云的视野

说到底，老员工的职业发展对公司的确很重要，但并非第一要务。随着阿里巴巴的壮大，马云的影响力和视野大概从 2008 年起逐渐离开了商业领域，进入到了社会领域。他甚至已不在淘宝上投入太多精力。

马云要确保有阿里巴巴价值观血脉的人掌控阿里巴巴的未来。为此，马云、邓康明等人设计了由阿里巴巴合伙人提名董事会大多数董事人选的合伙人制度。如此一来，避免了由于阿里巴巴创始人股份稀释过于严重所导致的公司控制权旁落于人的风险。合伙人制度在 2009 年 9 月 10 日阿里巴巴十周年之际，以“十八罗汉”同时发布创始人辞职信的方式亮相。从那时开始，阿里巴巴的控制权进入了合伙人时代。

确保对公司有控制力后，马云也不能继续从行业的角度看阿里巴巴了，他要从国家的角度在整个行业进行布局。或者说，这个一以贯之的视角如今具有了必要性。随着淘宝、支付宝的壮大，这两个子公司已有自成体系的架势，而作为包含其他诸多业务的阿里巴巴集团，到底是什么？此前马云遥想未来的时候，便否定了阿里巴巴成为商业帝国的设想[①]，马云希望阿里巴巴学会“开放、分享、责任、全球化”，现在的阿里巴巴和未来的阿里巴巴该如何定义？ 2009 年马云呼唤阿里巴巴要全力打造新商业文明，该如何落地？阿里巴巴与外部世界的关系如何？

在 2009 年年底的一次高管交流会上，马云说：“阿里巴巴以前和国家政策、世界经济没什么关系，今天什么都跟我们有关系。我怎么办？我去抱怨中国？去抱怨我不能参加国家经济工作会议？[②]……我们以前没有机会去尝试，但是今天在阿里巴巴，我们有机会去尝试那些我们认为正确的事情。我们不能在全中国搞，但我们可以在这个一万七千人的公司搞一搞……”

在同一次交流会上，马云对新进高管讲述了自己目前的工作安排：

---

① 根据 2011 年 1 月 19 日马云在物流合作伙伴发展大会上所言，阿里巴巴在几年前已经决定放弃商业帝国的思想。

② 马云所言，需要结合很多背景来看待。就经济与阿里巴巴的关系这一点，2017 年 1 月 25 日，马云在浙商总会年度工作会上，发表了看似相反的观点。“其实我们在座各位，企业再大，包括我在内，不管企业做得多大，经济形势跟你关系真不大。那么大家会说，经济形势关系不大，那你到处跑来跑去干嘛？我由于挂了一个浙商总会会长，由于挂了中国企业家俱乐部主席，我不得不到处去跑，去看一下整个世界的形势，跟大家分享一些我的看法。”这显然是一段自谦之词。十年前的金融危机一度对中供形成了极大的规模级的冲击，经济形势显然与阿里巴巴关系颇深。

“淘宝的问题今天已经不能问我了。我今天做的事情是和彭蕾配合，做这个公司文化和价值观的守护者……第二个是和教授（曾鸣）一起做战略的坚定守护者……第三个是和Joe（蔡崇信）一起做财务透明的守护者……”

显然，对于中供以及阿里巴巴 B2B 公司的现状，马云想有所作为又无能为力。与“百单英雄”在江南会的那次聚会上，马云除了希望大家提升自我境界外，还发表了自己对 B2B 团队的看法：“我在‘组织部’讲，阿里巴巴（B2B 公司）也许很难比腾讯挣钱（多），也很难比淘宝挣钱（多）。但是毫无疑问，在我的心里，在我们这些人的心里，B2B 是受尊重的。因为我们毕竟全力以赴地支持中小企业的发展，全力以赴地帮助中国的出口，全力以赴地希望这些企业活下来。钱可能挣得不多，但我觉得，钱永远没有挣得够多。当然会有企业比我们更挣钱，这是一定的。但我觉得，我们知道自己做的事情，对别人、对社会的贡献，对小企业的贡献，对自己的贡献，对家人的贡献，我觉得能够做到这点已经很好了。所以我为大家骄傲，为阿里巴巴骄傲，为当年大家加入阿里的勇气感到骄傲。”

“下午在开会的时候也跟大家说过，今天阿里巴巴 B2B 发展得很好，他就是家里面的老大。现在的 B2B 正在进行转型，或者升级可能更好，从‘Meet（相遇）’走向‘Work（工作）’。假如有一天有任何问题，老二、老三，所有的公司，都会全力以赴支持 B2B 走过去。”

在马云心里，阿里巴巴 B2B 公司的地位是不变的。“我是由衷地钦佩 B2B……在整个阿里巴巴十年发展过程中所承担的老大职责，我认为 B2B 可以称得上是一家伟大的公司……今天淘宝的绝大部分人才来自于 B2B，同时我们也输出了大量人才去了支付宝。”

中供的期待

想有所作为又有能力，可以跳出直销圈观察外界变化的人，阿里巴巴 B2B 公司当然也有，那就是卫哲。事实上，卫哲当初是带着改革计划来阿里巴巴 B2B 公司的。

根据 PC 端页面“三页之后无推广效果”的定论，卫哲认为计算 Alibaba.com 不同品类的不同页面，可得出其有效广告位是 10 万个。换言之，当中供的会员数达到 10 万时，市场会逐渐不再买单。“你都收了门槛费，又没效果，别人怎么会付费呢？会员费是有瓶颈的，所有页面排一排，就 10 万个可卖的位置。10 万是到头了，上不去了。”

当年，卫哲就觉得应取消会员费，改从交易和竞价收费。如此一来，公司仍然可以获取部分广告价值，但是主力营收却来自某种程度上无上限的交易量，一如淘宝。卫哲觉得：“交易模式是跟着量走，不是跟着客户数走。淘宝模式是对的。”

将商业模式从会员性质的广告转为佣金，其实质是要求阿里巴巴 B2B 公司从外贸产业的信息流环节切入到交易环节。这与几年前马云提过的从“Meet at Alibaba（在阿里巴巴相遇）”到“Work at Alibaba（在阿里巴巴工作）”的描述，事实上是一枚硬币的正反面，但这是一条很难走的路。B2B 企业交易流程的复杂度远远超过 B2C，更何况还是发生在外贸领域。在外贸环节介入资金流会因其规模巨大而可能受到外汇管制政策的掣肘，外贸领域的另外两大环节——物流和通关也不是“省油的灯”。“B2B 做交易，做支付，会麻烦一点。”卫哲相信会有办法突破。

2006 年，马云跟卫哲聊起 IPO（首次公开募股）时，后者说：“不行，这个模式不对。”卫哲建议马云先花三年时间完成商业模式的转型再上市。但如前述，阿里巴巴 B2B 公司于 2007 年上市的理由很充分，甚至比商业模式的转型更充分。需要给淘宝、支付宝输血这个巨大的理由且不论，单从 B2B 公司的角度来看，卫哲是在要求一个创业公司的员工、老板、股东放弃理所当然而且近在眼前的收获，开始一段前途未卜的二次创业，这要求算过分。想来卫哲也知道这点，所以他当年并未强求改变。

不过，上市之后，阿里巴巴 B2B 公司的商业模式就很难改变了。一旦改变，意味着几十亿元的收入会发生剧烈震荡。即便不考虑资本市场的反应，也得考虑淘宝、支付宝的“输血”问题。“收入说不要就不要了？飞机还在天上就换发动机？敢吗？”

兹事体大，卫哲不敢。他采取的策略是修补中供的商业模式。2009 年加入阿里巴巴 B2B 公司担任产品经理的周子敬目睹了“狂风行动”。与中供其他人不同，周子敬对其中的改变理解得非常清晰和专业。

在他看来，原来英文站的流量变现方式是会员费制。流量小的时候，对阿里巴巴而言，卖会员的效益较高。但因为它的定价机制太粗犷，所以流量变现的效果未必好。供应商获取流量的方法就是多发产品信息，但这种内容只有一部分是买家喜欢的。周子敬与同事见过很多非常热搜的词，第一名却不是用户（买家）想要的。用户自然不会为这些流量买单。

所以，流量大的时候，继续使用会员费制变现，对阿里巴巴而言，白白浪费了不少流量。这时，按效果付费的竞价排名就把广告变成了相对是用真金白银来筛选内容的机制。那么，竞价排名等可作为高门槛的增值服务，会员费可作为低门槛的基础服务。周子敬认为，卫哲当初的想法确实会提升流量分配的效率，“对商业模式的改变比较大”。

至于修补的结果，周子敬觉得某种程度上算是达到了。根据阿里巴巴的财报显示，来自增值服务的收入占比从 2008 年的“本公司营业收入的重要来源之一”到了 2010 年的逾 25%[①]。卫哲认为推出“狂风行动”更加有必要。“金字塔造多高跟工艺无关。你看越大的金字塔，它的底座就越大，才能造得高。客户（也）要分层。”简言之，只有客户数足够多，在一定转化率下才能保证增值服务的收入规模。

在卫哲当初的计划里，本身为降价版中供的出口通的价格不会一成不变，部分也是基于业绩考虑，“今天的降价是为了以后提高客单价”。果然，2010 年 9 月，阿里巴巴 B2B 公司宣布于 2011 年 1 月 1 日推出新版中国 Gold Supplier，定价为 2.98 万元。这个增设了一些功能和服务的会员产品即“狂风行动”中推出的出口通 2011 版。

但笔者所有的受访对象几乎都认为，中供这个产品没发生太大变化。像张卫华这样的区域经理，完全没觉得“狂风行动”对中供的商业模式有任何影响。对卫哲所说的通过增值服务来调整英文站的流量分配模式的考虑，张卫华觉得确实成立，一经排名之后的位置不可被锁定，操作英文站的能力也将影响客户的排序。但他认为，这更像是客户运营模式的改变，不能上升为商业模式变革的层次。“可能是因为我当时所处的角色是区域经理，或者（商业模式变革）就是一个包装，可能是对外公关（需要）。没有商业模式的变革，股民们看不到希望。”

在很长时期内，竞价排名和锁定排位长期并存。不过，在叶程坤看来，按效果付费的竞价排名“一直没有推广起来，没有形成到位。公司一直想剔掉锁定排位，却一直没剔掉。”原因也很简单，热门行业的客户喜欢性价比更高的锁定排位。因此，叶程坤觉得中供“几乎没怎么变”。

---

① 如今客户购买增值服务时更多是自助购买，所以这块业务的净利率要高于会员费。

“你以为在变化，其实没啥变化。无非是广告展位从摩天大楼改名叫黄金在线。关键词、排序，变化的无非是这些东西，后台的改变几乎没有。”前述 19 百大学员[①]不无可惜地说，“结果我们中供一直在意的点都是在销售上。销售完了服务，服务完了（企业）成长，成长不起来自然淘汰，成长起来了就续费。（我们）就是一家只重销售、不重产品的公司，能活到现在而且持续赚钱，也算是奇迹了。”

吕广渝干脆表示，这次向竞价排名的转型“没转成，障碍非常大”。周子敬知道这点，“一线的人可能（对商业模式的调整）感受不会强”。在阿里巴巴待了两年后，周子敬离职去了华兴资本。

“当时寻求了很多变化，但是都没跳出那个圈圈。”俞朝翎觉得，他们就像在谷子地里等待集合去干转型升级的大事儿，“集结号啥时候吹响？公司一年一年地说要集合了、集合了，就是不集合。”干嘉伟则觉得可惜，因为“B2B 从来没有休整过，商业模式调整一下，喘口气，连这个机会都没给过，一直（被）当‘奶牛’供养，（被）榨。”

也就是说，中供虽然已经不再是阿里巴巴集团的“旗舰”，但身处“旗舰”和“奶牛”身份时的业绩压力并未消退。它还是处于各种 PK，被各种激励的状态。这或许是一种惯性。

转型路线图

下属认为自己待的这个子公司比起集团里蒸蒸日上的淘宝而言，没

---

① 参见《阿里局》，广东经济出版社 2018 年 9 月出版。

变化、没希望，以及在“狂风行动”时，中供的客户数逐渐逼近上限，给了阿里巴巴 B2B 公司 CEO 卫哲“很大的压力”。对此，卫哲说：“团队觉得公司没希望，CEO 当然有竞争意识。”

而且不仅是团队的竞争，子公司 CEO 之间也有不同程度的竞争。一位中供老兵告诉笔者，卫哲认为陆兆禧是运气好，“插到哪儿，哪儿就开花。如果卫哲管淘宝，能比他（陆兆禧）管得还好。”

幸运的是，卫哲那时的状态应该算是进入阿里巴巴以来的最佳状态。他不用为了上市忙着冲业绩，不用担心“批斗会”和金融危机。他已经意识到了自己的长处和劣势，并且正在与团队取长补短。他证明了自己。看上去他与团队之间的氛围趋于和谐[①]，卫哲在阿里巴巴终于走上了一条可持续发展的正轨。

于是，走上正轨的卫哲大概从 2008 年下半年开始[②]，逐步想清楚了阿里巴巴 B2B 公司跳出会员费制和直销局限的转型路线图。卫哲认为马云谈论多年的阿里巴巴的愿景“Work at Alibaba”十分正确，但“Work”并不等同于交易，“Meet at Alibaba 以后是 Work at Alibaba，没说是 Trade at Alibaba（在阿里巴巴交易）。马云从来没说过‘交易’，而是说工作。那好，我很相信马云，我做成中小企业的工作平台就可以了。”

显然，工作平台也不等同于唯一一个业务平台。既然对中供的商业模式大动干戈，风险太大，那何不在保留信息服务的前提下，另起炉灶、

---

① 如前所述，仍有部分中供系成员认为“狂风行动”是一个追求业绩、利润等股东价值的举措。

② 卫哲记不清具体的时间点了。笔者推测可能与“批斗会”同期。

迂回前进？卫哲按自己一以贯之的分类思考习惯，把“Work at Alibaba”的“Work”分为交易和非交易两个方向。

“交易”好理解，它要求平台企业深度介入供求双方的工作流程，以此抽取佣金。这是平台型企业变现的常规途径。一般而言，交易模式更适合流程简单、产品标准化的行业，非交易模式更常出现在流程复杂、产品非标准化的行业，比如曾经的餐饮业和服务业、现在的农业。不过，非交易模式的演变方向就是交易模式：让非标准化的产品尽量标准化，尽量简化复杂的流程。

卫哲认为阿里巴巴 B2B 公司的英文站、中文站所处的外贸、内贸行业，都可以实现“Work at Alibaba”。“所以当时任务很简单，同时启动两个项目：中文站，CBU 和国际站，ICBU（分别对应交易和非交易两个方向）。”2009 年，卫哲将“Work at Alibaba”的落地计划说给马云听：“三年后，还你一个不一样的 B2B。我有信心做出一个‘Work at Alibaba’来。我把路线图想得很清楚了，我们一点都不比淘宝小。”

马云表示认同，并告诉卫哲：“B2B 必须要超过淘宝，任何 2C 的上面一个环节全是 2B，2B 的经济总量一定比 2C 大，只是利润要薄一些。”这算是马云的一贯看法，2011 年马云再次强调：“中国巨大的交易市场机会一定在于 B2B，中国的小企业数目是全世界最多的，全世界 70%–80% 的企业都是小企业，这个市场一定存在。”

当初在卫哲与马云制定的计划中，阿里巴巴 B2B 公司的利润不应该比淘宝低，而且成交总额（GMV）应为淘宝的两倍，达到这个目标，B2B 才算做对了。

没有几个阿里巴巴 B2B 公司的员工知道这份转型路线图。卫哲说中供的风格即是如此心无旁骛。“而且一旦传出来有变化，那个团队就会动摇，心会乱的，觉得自己没未来了。5000 个销售员突然发现失业了，那不行。新的鸡还没孵化出来，老的母鸡已经不下蛋了，怎么办？不能讲的。”

或许是管理难度太大、转型时会被巨型团队掣肘的关系，阿里巴巴自中供、诚信通之后，对于地推铁军的使用范围一直很慎重。卫哲称马云不允许阿里巴巴存在第二支销售团队，“业务模式转型，转不成功很重要的原因是你被自己的团队绑架了……阿里后面悄悄长出好几个销售团队，都被他砍掉了。”

对于战略方向的表述点到为止，在任何公司都很正常。如果你的公司必须铸造出一支销售铁军，那对于公司战略，你能说的就更少了。更何况，这是以销售铁军著称于业内的阿里巴巴 B2B 公司。

所以，知道卫哲转型路线图的人在整个阿里巴巴集团也不过十几个，其中包括阿里巴巴 B2B 公司各事业部总经理、COO（首席运营官）李旭晖等人，以及阿里巴巴集团总参谋长曾鸣等人。很难知道他们每一个人的评价。从卫哲最终执行这个路线图的结果来看，或许较为赞同。

2017 年时，回看这个路线图，李旭晖说自己听卫哲讲过这个计划，“难度很高，但不排除可行性”。

“对基层可能会这样，但像我们这个层面，多少还是知道的，也没那么傻，你不说就觉得没（发生）这个事儿了。”干嘉伟觉得卫哲的保密口风略有夸张。卫哲了解外贸行业如何做交易，也耳闻过 1688.com 的部分计划。“从‘Meet’到‘Work’，这是很明确的。卫哲是一个极其聪明的人，他的想法没有吹牛成分。”陈国环则表示，“卫哲的逻辑能走得通，他是财务出身，头脑又快，有很强的商业逻辑。”

外贸之变

在这般思路的指引下，卫哲一边在中供推出“狂风行动”，一边打造了全球速卖通，这成为整个公司商业模式转型的第一步。

全球速卖通是一个外贸领域的小额批发平台①，它顺应的是国际贸易中大单变小单、长期变短期逐渐增多的趋势。全球速卖通的直接竞争对手、敦煌网创始人王树彤认为，这个趋势得到了金融危机的加速推动。

全球速卖通作为阿里巴巴英文站的附属品，于 2009 年 8 月 6 日试运营。对中供会员而言，这是一项增值服务。如果客户已经是出口通会员，就可以免费入驻全球速卖通。对阿里巴巴 B2B 公司而言，这是为新业务平台几乎零成本地寻找供应商。“‘狂风行动’降价抓客户数，一定要抓的。没有我们的会员客户，交易客户从哪儿来？有这么大的金字塔底座，我才能在上面搭增值服务，才能 Work at Alibaba。因为不是每个人都愿意在我这儿 Work 的。”卫哲说。

如果供应商所售商品的体积较小、附加值较高，那么会很适合全球速卖通。因为按照卫哲的定义，“全球速卖通是一个海外小 B（小企业）之间的淘宝。”

自然，全球速卖通除了收取会员费之外，还要根据不同的支付方式向平台上的每笔交易收取佣金；支付宝也是平台推荐的支付方式。很明显，全球速卖通承载了阿里巴巴 B2B 公司在外贸领域中进入交易环节的希望。

在试运行的大半年间，全球速卖通启用了独立域名 Aliexpress.com，

① 也有部分终端零售业务。

取消了 1.98 万元的进入门槛，向所有供应商开放注册。终于，号称投资 1 亿美元打造的全球速卖通于 2010 年 4 月正式上线。这意味着网站技术维度的基础设施建设终于达到了可以见人的程度，也意味着到该给卖家寻找买家的时候了。

经过数月的寻觅、洽谈，2010 年 7–9 月，阿里巴巴 B2B 公司接连收购了美国电商服务企业 Vendio 及 Auctiva。这两家公司合计拥有 25 万个网上零售商（主要活跃于 eBay），合计成交总额（GMV）约为 70 亿美元[①]。卫哲期待这两笔“为（全球）速卖通找买家”的收购能“创造出每年超过 70 亿美元的采购商机”。换言之，他希望这些在 eBay 上的活跃零售商能将自己的进货渠道全部换成来自中国的供应商。

按卫哲对“Work at Alibaba”的理解，在中供这个产品提供的信息之外，中小企业在工作中还有交易类和非交易类两大需求。现在阿里巴巴 B2B 公司通过全球速卖通满足了交易需求，那么就剩下非交易类的需求了。

外贸领域里非交易类的需求也可以称为服务，比如物流、出口退税、融资等。要进入这个海洋般广阔的市场，卫哲觉得还是应该从信息入手，但不能再是中供那样维度单一的供求类的商品信息。现在，阿里巴巴需要知道更多维度的真实信息。怎么样才能做到这一点呢？

一个企业的进出口流程，大致可以分为物流、通关、金融三类手续，再往细了说，可以分为报关、保险、码头、外汇、退税、运输、仓储等十多个环节。由于环环相扣，所以走完这些流程的企业的进出口数据可

① 根据《第一财经周刊》的报道，70 亿美元接近 eBay 网站一口价商品的 GMV（成交总额）的三分之一，而一口价商品的 GMV 占 eBay 2009 年 484 亿美元的总 GMV 的大约一半。

信度相当高。海关总署或许有这些数据，占全国出口额大约 40%[①] 的大企业也有自己的数据，但它们都没义务将这些信息告诉阿里巴巴。

占全国出口额大约 60% 的中小企业也有自己的数据，他们或许愿意告诉阿里巴巴这个外贸平台，但中小企业的数量过于巨大，涉及的行业过多，汇总、统计这些数据的难度未免太大。不过，有一个企业正在挑战这项工作，这个企业叫一达通。

2001 年，国家开放进出口的决定使得无数大中小企业蜂拥至出口市场，这项政策刺激了当年的阿里巴巴加速挖掘市场，也刺激了外贸老兵魏强。他联合六个朋友于 2001 年在深圳创立了一达通。

中供满足的是中小企业出口时对供求信息的需求，一达通则满足了中小企业对复杂的进出口流程的代理需求。根据《IT 经理世界》的报道，魏强等人希望把中小企业的进出口贸易流程标准化、IT 化后对接海关、税务等部门的系统，中小企业若要使用一达通的进出口服务，须按每笔 1000 元的价格交费。而企业一旦使用，也就在一达通沉淀下了其进出口过程中的大量数据。

但魏强等人的构想过于超前了。根据《理财周报》的报道，一达通在 2001–2007 年间攒下的客户数不过几百家，年收入不过几十万元，在连年亏损的状态下，联合创始人们陆续离开，仅剩下魏强一人强撑。

一达通的转机是金融危机，而金融危机让中供吓出一身冷汗，却凸显出了一达通代理服务的性价比和业务逻辑的合理性。2008 年，一达通

---

① 2006 年 12 月 29 日，中国国家发展和改革委员会副主任欧新黔表示，目前全国进出口贸易总额的 60%左右由中小企业实现，在从事跨国投资和经营的 3 万多户中国企业中，中小企业占到 80%以上。

的客户数猛增至 700 余家，2009 年客户数继续增长。一达通也由此吸引了正在研究精准外贸数据的卫哲。

“我们当时就卡在报关这个点。报关数据的含金量很高，一达通的核心就是报关。”在卫哲看来，一达通精准的数据和服务能力能完美嵌入阿里巴巴的外贸业务中，比如出口服务可整合进出口通等会员产品中；阿里巴巴则能提供客户、人脉（可将一达通带入浙江[①]）、资金等各种资源支持。一达通就是阿里巴巴 B2B 公司的商业模式向“Work at Alibaba”转型的又一块拼图。

2010 年 11 月，鉴于“阿里没有一个人会报关”，卫哲决定控股一达通[②]。他还与魏强谈定，一达通应靠出口企业融资等金融服务挣钱，而不是靠挣每笔 1000 元的代理费。卫哲说，理由是市场空间如此，“为什么一达通先从出口退税做，然后做到出口信用的融资？因为信用证的贴现成本太高，它留了足够的空间”。

此前，一达通有金融服务的经验和资源。2008 年，一达通与中国银行推出了“中小企业外贸融资通宝”，承包了中小企业的贸易融资。由于一达通掌握了外贸环节的真实数据，银行还通过一达通来掌控贷款流程的资金管理。中国银行甚至还在一达通专门设置了一个只有六个员工的网点。

内贸之变

阿里巴巴 B2B 公司那时的内贸业务与外贸业务的商业模式基本一

① 有些地域性的行业。

② 根据一达通副总裁肖峰的说法，阿里巴巴只经历了很短的洽谈研究时间。

样，缺陷也差不多。跟中供一样，这种垂直类的营销平台无论怎么导流，其广告位依据付费会员数都可以算得出来。综合考虑行业、页面、流量分配机制等因素，卫哲认为，诚信通的会员数“到150万就封顶了。我只能卖到150万，多了也卖不动了。而且我们当时判断，如果移动互联网起来的话，营销效果会更向头部（客户）集中，分配也会有问题①。”

卫哲不希望阿里巴巴在内贸业务的发展被营销性质的会员费限制住。他的解决方案也基本一致：快速提升基石产品（诚信通）的客户数，推出增值服务，提高流量的分配效率；推出两个新项目同时切入交易和非交易领域（即服务）。

只不过，内贸业务的落地路径不太一样。可能是由于内贸业务的复杂度、客单价、营收占比等指标均低于外贸业务，所以，阿里巴巴B2B公司并未另起炉灶，而是直接在中文站上进行了调整。

卫哲设计的商业模式升级的节奏是：先穷尽会员费这个变现模式的潜力。这包括两个动作：一是扩大诚信通会员量，二是提高流量分配效率——2009年第一季度，公司推出了按点击率付费的关键词竞价模式——网销宝②。随后，阿里巴巴B2B公司开始试探性地推进交易模式和非交易模式。

2009年4月，公司先是在中文站的时装服饰品类推出了具有线上交易功能的小额批发服务。随着流量的大幅增加，2010年3月，阿里巴巴中文站正式向交易类型的网站整体升级。它的域名也从Alibaba.com.cn改为更讨人喜欢的1688.com。

---

① 跟前文中所描述的中供的问题一样，流量分配会变得低效。

② 对客户而言，这是一个通过改善搜索质量从而提高曝光率的增值服务。

从客户体验来看，Alibaba.com.cn 只是一个提供供求信息的网站。也就是说，供应商和采购商找到彼此后，Alibaba.com.cn 就结束了自己的使命。而 1688.com 提供的信息更全面，也提供支付宝，还可以做到实时交易。这就是一个给零售商和供应商使用，定位于批发环节的淘宝。数十万淘宝店主就是 1688.com 现成的买家。

不过，成为交易平台并不意味着阿里巴巴 B2B 公司不收会员费，而直接收取交易费。卫哲认为，当诚信通的会员数接近 100 万家，中供的会员数接近 10 万家时，才是新功能去变现的时刻，“有这么大的金字塔底座，我们才能在上面搭增值服务去卖。”

在 2010 年 4 月推出旨在通过渠道和普及版诚信通提高会员数的“春雷计划”时，中供已经接近目标，诚信通则离目标还挺远。截至 2010 年 6 月 30 日，诚信通会员数（含普及版）增长至 593498 家，而中供的会员数已经达到了 105810 家①。

渠道部门的人认为，价格过低的诚信通只能靠直销②来铺量，它很难提高代理商的积极性。但卫哲告诉笔者，降价是必须做出的决定。因为降价除了要提高客户量，还包含着他希望中文站能承载更多服务产品的想法（也就是非交易模式）。

卫哲希望通过降低价格门槛，将诚信通的价值由“多少有点保证客户的营销效果”转变为单纯的门槛，“（相当于）一张 VIP 卡，可以理解为 Costco（好市多）的收费会员年卡，以后全部单独卖流量。”

这是一个控制客户预期的引导行为。如果使用价值为营销的诚信通

---

① 数据来自阿里巴巴 B2B 公司财报。

② 即诚信通的电销铁军，那是另一个故事了。

会员售价高达几千元，那客户肯定希望阿里巴巴保证其营销效果。但如果会员只售卖 1688 元或更低，客户就不会对其营销效果吹毛求疵。用卫哲的话来说：“一天四五元钱，你导什么流？为什么要降到 1688 元？我们要把（导流）效果全部去光。”

客户的预期将被引导至更广阔意义上的增值服务。客户购买了 1688 元的诚信通会员后，就有权利购买阿里巴巴 B2B 公司为中小企业打包采购来的高性价比的增值服务[①]。它既包括代表营销的流量，也包括本质为中小企业服务团购的会员价值体系。

卫哲说，初心是为了给客户创造价值：“当时我们的设计很简单。你付 1688 元，我给你提供三项服务，你只要买其中任何一个，你就能把 1688 元赚回去，而且不止一倍地赚回去。当时我们提出打包的服务要比（企业）外面采购有三到五千元的优惠，同时保证质量。

阿里巴巴不能介入商品。我们不懂商品，帮你团购要出事的。那时候想的，就是卖所有中小企业的服务，只帮你团购服务。中小企业的服务是标准化的，招聘可以团购，物流可以团购，中小企业打印、包装，这些服务全可以团购。

当时我们跟易才想做中小企业的社保打包，代交社保：一年内 2000 元钱，多少人以内的社保全包了。那对老板来说，这事太省心了。你在外面买，可能没有这个产品，要么就卖一万元，而我就卖你两三千元。

我们真不是完全为了钱。那时候价值观挺好的，我们真的给客户创造价值。当时已经提出先给客户创造价值，再分享，收他一笔，不是完

① 网销宝是针对流量的增值服务，其概念较窄，而这里提供的是针对公司的增值服务。

全为了收入。但是，这个 VIP 卡，可以卖到三四百万（会员），一点问题没有。顶层设计是这么想。”

中文站的会员价值体系以“中国中小企业商务服务伙伴计划”（以下简称“伙伴计划”）的名目于 2009 年 10 月发布，首批增值服务的外部供应商为物流行业的天天快递、韵达快运、申通快递和圆通速递[①]。阿里巴巴 B2B 公司副总裁、负责诚信通的吴敏芝给媒体计算“伙伴计划”的价值巨大：“每个网商一年物流成本约为 4 万元，按‘伙伴计划’会员平均折扣 8.5 折计算，仅物流一项一年就可以为 45 万中小企业省下 27 亿元。”卫哲更是表示以会员价值体系为依托，中文站将成为“中间服务平台”，在 2010 年将与招聘、商旅、培训等行业的供应商合作，向中小企业提供高性价比的产品及服务。

这就是卫哲坚持保留诚信通的渠道体系的原因，他将依赖渠道去销售鳞次栉比的会员价值：“诚信通电销是 100% 依赖网站。就是他注册成为会员，我才有电话打过去。但中国有很多中小企业，不可能都来注册阿里巴巴会员。线上流量有顶、有限。电销触及不到他们，渠道能触及到。我想过，会员服务全部通过渠道卖，根本不通过阿里巴巴电销卖。”

如果真照这个计划推进下去，阿里巴巴 B2B 公司的中文站即从信息对接网站变为交易平台，继而变为一个庞大的生态系统。那就真成了 B2B 里的淘宝。而我们都知道结果，它没能成为淘宝。

原因有两点。

第一，中小企业客户买下了 VIP 身份后，其需求会直接跳转到服务包吗？还是说先接受交易功能？又或者同时需要两者？卫哲说，服务类

① 之所以不是当初所构想的易才，卫哲说是因为合作推进太慢的缘故。

需求是“交易客户数和付费会员客户数涨出来的”。“伙伴计划”先于“春雷计划”推出在节奏上是错误的，或者对诚信通的基础会员量的涨势过于自信了。如前述，诚信通会员的增速在 2009 年、2010 年都只能称为一般好。所以会员价值体系在很长时间里都只能以种子的形式在中文站萌芽，没多大声息，远不如全球速卖通、一达通的大踏步前进。

设想没达到预期也无可厚非。在阿里巴巴 B2B 公司，国际事业部（中供，外贸）的营收占比一直在 70% 左右。卫哲得“先把 70% 的事想清楚了……我自 2006 年到 2009 年三年时间，基本搞明白了，然后开始下手了……全球速卖通、一达通是在会员费之外，唯一想明白的最大的两件事。”

所以，当陈国环在诚信通的渠道部门“鼓动”卫哲对代理商放开续签权限时，卫哲并未积极回应他。卫哲心里想的是还有些模糊的全局。“我构思。别急……”当时卫哲一边致力于基础会员量，所谓的“金字塔底座”①，一边在团队里强调内贸领域“要研究，从一千元的客单价，研究到一万元，到十万元的客单价。”

最终，是第二个原因没能让中文站成为“淘宝”，下文即将展开。个别敏感的读者应该已经猜到了。

① 卫哲针对作为流量产品的诚信通所推出的增值服务，卖得还算凑合。2009 年年底，已经有超过 10% 的诚信通会员开始使用网销宝，到 2010 年年底，包含网销宝、黄金展位、SaaS 等在内的增值服务的收入占诚信通收入的比重已经超过了 20%。

第二章　黑名单

系统性疏忽

自成立以来，阿里巴巴 B2B 公司就有一个相对而言的软肋——买家。在历任 B2B 负责人的工作版图中，买家都处于边缘地带。2000–2007 年，阿里巴巴 B2B 业务针对买家的市场推广费用一直水涨船高。"但涨幅比较有限。"李旭晖说，"费用肯定远低于 2008 年之后。"

投入上是如此，姿态上也是如此。干嘉伟认为，公司处在高速发展、对利润有迫切渴求的时期，对买家及相关员工（网站后台）的态度称得上是"系统性的疏忽。从马云开始到看门的，都在盯赚钱这个目标。网站后台的声音……反正我们是没怎么听到，也许他们有声音。至少马云之前没那么重视过。"卫哲到来后才专门成立了买家服务部，"终于开始专门关注这一块了。"[①]

夏小虎甚至觉得疏忽买家，在某种程度上属于理所当然。因为在他眼里，买家服务部参加展会吸引买家的工作很难考量："吸引买家，马云

---

① 卫哲 2007 年时说要提高买家服务质量。从结果来看，确实有所提高，但可能还不够。看书至此的读者应该很明白，他的工作重心也是偏向于卖家。

是最大的服务者。他在全世界各地做演讲，在全世界各地扩大影响力。影响力有了，才会有买家。哪里是他们（网站或买家服务部）把买家做起来的？”

结果，英文站上卖家的增速一直高于买家，“狂风行动”中尤其如此。中供的客户数从2008年第四季度（Q4）的4.3万增至2010年第四季度（Q4）的12.1万。为了匹配卖家的狂飙突进，B2B公司也下了大力气去获取买家。

公司在2009年花费3000万美元用于全球推广，在2010年的投入略有下降，但其广告及推广费用占营业收入的百分比同比只是减少了2.2%。投入亦有成效，其英文站的注册用户数从2008年年底的近800万，增至2010年的超过1800万。

当然，注册用户远远不等于买家——笔者目力所及，阿里巴巴B2B公司历任高管都未言明这一点。卫哲记得大概是在2009年年底，阿里巴巴B2B公司的买家量超过了1000万，“大概在过去一年内，有千万级数量的（买家）发过询盘。”按照中供和买家比为1:60[①]的经验数据，“狂风行动”中阿里巴巴B2B公司获取的买家量可以消化供应商的暴增。

但笔者采访过的几乎所有人，对买家量的感受都与数据相反。此前中供系销售员便有“买家跟不上”的感觉。在“狂风行动”中，这种感觉更强烈。当时直管中供业务的阿里B2B公司COO（首席运营官）李

① 如果是针对免费会员，即财报中所说的企业商铺的话，颇多人认为它与买家的比例为1:8。但财报中的相关数字与该比例相乘，得出的是一个哪儿也找不到的数据。一个相似的数据是张卫华在2007年左右形成的经验：差不多七八条询盘可以转化成一个订单，但其中很多是样品单。

旭晖告诉笔者："'狂风行动'降价，中供团队跑得更快；领先买家更多，更强烈地感觉买家跟不上！"

卫哲说数据与感受相左的原因有二：第一，海外买家的质量不算高，欧美买家少，亚非买家多；第二，随着流量的大增，流量进一步向头部卖家集中，尾部卖家自然就觉得买家稀少。俞朝翎也认为"狂风行动"时买家与卖家的比例并不算悬殊，但确实是买家质量有问题，"欧美买家少了，非洲买家多了，人家（供应商）又不干"。

简言之，根本原因是买家质量低和流量分配还没调整到位，前者算是经久不衰的老问题，后者还需要时间。

因此，出现了越来越多的卖家去争抢相对有限的买家的情形。如此一来，卖家能获得的询盘将大不如前。卖家购买中供赚不到钱，续签中供的卖家就会减少。"客户说（你们）扩张太快，所以效果摊薄了。"陈国环说，在"狂风行动"期间，中供的续签率从过去的约 70% 开始下降，"好像全国平均 60% 多一点吧，差的区域 20%、30% 也有。"

中供的口碑下降到了卫哲要在 2010 年上班第一天发员工信的程度。"客户的邮件多了，表扬却少了。员工也在邮件中质问我，为什么我们做的和百大、百诚[①]宣讲的客户第一的价值观不一样？作为一家服务型公司，买家服务部的满意度居然是最低的。为什么低？因为服务部的声音在公司得不到重视，服务部的员工没有足够的权限和能力来处理客户的问题，没有解决客户问题的成就感……"

卫哲对阿里巴巴 B2B 公司收获第一百万个企业付费客户既感到兴奋，又极度不安。"我们准备好了吗？……我们能否以这样的状态迎来

① 诚信通的培训体系。

我们的第一百万个企业客户呢？如果不改变的话，我将再也看不到第二个一百万企业客户，更不用说第一千万个企业客户。”

不过，买家有限、卖家的续签率下降、服务品质下降等问题在当时的阿里巴巴 B2B 公司属于非主流。毕竟公司是从金融危机的重压下逃出生天的。在 2010 年 5 月的股东大会上，有股东认为阿里巴巴 B2B 公司的股价如此之低，而卫哲却拿到 350 万元的奖金和工资不公平。

马云回道：“金融危机两记重拳都打在进出口贸易上，小企业很艰难。我们 2008 年提出‘冬天来了’的时候，有个预感，阿里巴巴能做 3 亿 -4 亿元已经很好。凭良心讲，做到今天这个业绩太难了，我对我们团队做出的巨大努力表示感谢！ 2009 年，（公司）在卫哲的领导下，度过金融危机，公司客户数持续上升，收入增加 29%。但是我们高管的工资是没有增加的，我们主要是看业绩来决定奖金。”

卖家“难增”，骗子闪现

销售员们渐渐发现，即便不考虑买家问题，要让卖家激增也不是一件容易的事。市场规模真有马云常说的“中国至少 100 万出口企业”那么大吗？在笔者采访的中供系成员中，相当数量的人没考虑过这个问题。还有一些人觉得，剔除客户关系固定的 OEM（代工）工厂、国企以及买不起中供的小微企业，中供的市场基础“肯定要打个折（扣）”。

也有人认为，马云所言靠谱。一直在中供的两大核心区域——浙江与广东——任职的张卫华说了一句广东区域里关于客户数的口号：广东的天是蓝蓝的天，广东的客户一眼望不到边。2009 年出口通会员激增也加深了张卫华的这一感受。

无论是赞同还是反对，他们都不知道公司 CEO 经过计算已经否定了马云所言的市场规模。但卖家数即便能快速增加，增速也很难持续。北京大区的罗炜巍觉得，2009 年开闸一般激增的客户数，实质是中供系在收割过去积累的潜在客户。“第一批签进来的客户是以前中供售价 5 万元时谈了很多次，人家就不做的。这一大批（卖家）质量还是高的。但 2009 年就收割得差不多了。”俞朝翎、张卫华基本同意罗炜巍的观点，除了最后这一句。张卫华觉得罗炜巍有此感受，或许是因为他在外贸企业基数并不大的内陆区域所致。

与中供客户数增速下滑同时出现的是客户质量的下降，另外，罗炜巍认为在收割完过去就想买中供、但因囊中羞涩而到现在才买的客户后，客户质量便不如从前。与此前签中供时要求有实体经营的企业相比，如今的准入门槛降低了。离岸公司、个体工商户、个人创业借营业执照挂靠等低级别的客户出现了。

据在杭州市富阳区负责续签的前述 19 百大学员回忆，有些销售员的客户群更夸张，“他们把水果店、理发店也签回来了。水果店做外贸？我跟主管们有一个不成文的规定，这种三无企业，如果他们一定要签下来的话，不要让我服务。”

更要命的是，骗子客户出现了。对正规供应商来说，仅售 1.98 万元的出口通降低了他们尝试电子商务的成本。对骗子来说也是如此，一个出口通，再加上注册公司的数千元费用，行骗成本最高不过 2.5 万元，而骗子能骗到的货款或订金据说从上万美元[①] 到十几万美元不等。这简

① 这具体要看行业和总订单而定，也有可能少到几千美元。

直就是一个去 Alibaba.com 骗钱的最佳时机。

不过，中供系对“狂风行动”最深刻的感受是前文所述的业绩爆炸，以及效果下滑导致的续签率下降。他们工作的主旋律仍是笼罩在激进情绪下的签单、签单、签单，工作的主要逻辑是执行、执行、执行。至于骗子供应商的重新活跃，并没有立刻被中供系成员警觉。

正在中西部大区重庆区域担任区域经理的叶程坤没发现自己身边存在骗子客户。他在公司的邮件群组里或者偶尔去杭州开会时，逐渐意识到了骗子客户的存在，还听说有些人为了业绩会去签下骗子客户。

但叶程坤不觉得这是一个普遍现象。“（骗子）没集体出现。当时的状态，身处其中，不会认为这件事是一个特别致命的事情。”叶程坤较为排斥骗子客户，“不要去签（这种），我们要保护客户。”

前述 19 百大学员承认，签约三无客户，“我们那边比较少。富阳是一个小团队在做……我去了（富阳）以后，那边的增长速度蛮快的，签过来的（客户）质量也蛮高的，不会有三无的东西。”

2010 年被调至口碑网的前广东大区“大政委”王永森回忆道，至少公司的决策层、大区的管理层这两个级别都不太能感受到骗子越来越多的状况，因为签下骗子客户“毕竟是一线的行为”。

而如前述，每年都会有一些一线销售员因触犯高压线而遭到开除。所以，对大部分中供系而言，有人签下骗子供应商被开除并不是什么石破天惊的大事儿，那是一种常态。

2009 年从浙江前往深圳担任区域经理时，张卫华听已经升任广东大区副总经理的刘自成说过一个案例：一位叫元树华的销售员在知道对方是骗子的前提下还与其签约。无论是刘自成还是张卫华，都认为这与其他被开除销售员的性质一样——是中供高速增长中迷失的个体现象，只能代表他们自己。

“没听说过中国商家到上面（阿里巴巴英文站）去骗老外的。我们的脑海里没有这个概念。”后来在广东大区担任副总经理、“大政委”的张卫华说，自己在“狂风行动”期间对骗子客户或者销售员牵连其中均无明晰的感受。“没有感受到（有人签违规的客户）……元树华是个例，我去的时候已处理完了，翻篇了。”

作为信息的汇总处，阿里巴巴 B2B 公司当然注意到了骗子客户的存在。除了清退这些骗子客户外，公司在 2009 年年底设立了公平交易基金，将被清退的骗子客户所缴纳的年费中的剩余部分划入该基金。如果买家能证明自己受到了骗子客户的伤害，他们可以向公平交易基金申请部分补偿。

不过，阿里巴巴 B2B 公司并未在 2009 年的年报中提及公平交易基金的设立。这说明公司与员工的态度一样，都把骗子客户视为局部问题。这可以理解，毕竟发现的骗子客户数所占比例与 2006 年几乎相同。事实上，它多年来一直保持在 1% 左右。

卫哲此前希望 2010 年成为服务年，认为自己应做到 90 分，而不是过去自认的工作不及格。无论是上文提及的卫哲 2010 年的告员工信，还是马云在 2010 年股东大会上跟外界的互动，他们回顾 2009 年时，都更强调金融危机下劫后余生的感觉：大难当头，力挽狂澜，干得不错，大家继续努力，提高服务水平。

黑名单客户

为了杜绝骗子客户的滋长，2010 年上半年，阿里巴巴 B2B 公司的高管商议了一个解决办法[①]：既然骗子客户是由销售员签下来的，那么，但凡签了一个骗子客户，就开除该销售员，也就是说，对签约骗子客户零容忍。

这激起了前线销售员的强烈反弹。“狂风行动”中滋生的骗子供应商，大部分跟2007年英国买家协会事件中的骗子一样，都按照阿里巴巴的要求提供了完整的资质证明。前线销售员也只有在骗子供应商开始行骗、海外买家投诉、甄别清楚、反馈到阿里巴巴B2B公司的后台后才得知。这一来二去，可能就过去了几个月。如果骗子供应商先刷些交易记录，也就是先做几单正常生意，再去行骗，识别出他们的时间还要更长。

“海外是没有物流监控和评价体系的，只有海外买家投诉，我们才知道（他是骗子）。这是事后反馈的机制。”张卫华说，很难在一个骗子行骗前就断定他是骗子。那时管理中供中台部门的干嘉伟也认为，在国际贸易中对黑名单客户的识别是一个逐步认识的过程，“不是买家一投诉，（就断定）卖家是骗子。（投诉中）正常的贸易纠纷也很多。”

卫哲当然很清楚这些。考虑到“他们不是有意（签下骗子客户）的”，以及“刚刚打完狂风（行动），这帮人真不容易，别为了这个事太伤团队”的心理，卫哲没有采用太刚性的政策。在通行多年的针对骗子客户的处理措施之外，卫哲规定，若是签下两三个[②]骗子客户就会被开除；经理级区域内的骗子客户数达到一定程度时，区域经理将遭受连坐。

① 同时期推出的还有新员工需先做续签满一年才能做新签、诚信保证金等业务。卫哲说：“这些措施我们都做过。”但笔者询问了多位时任区域经理的中供系成员，他们对这些措施毫无印象。那时正在河南担任区域经理的冯全林认为，卫哲所言可能是指新员工入职后先去续签团队做助手，但没听过诚信保证金。

② 准确数字不详，笔者只问到了这个大概的数字。

大约从这时开始，阿里巴巴 B2B 公司将这些不能签的骗子客户称为黑名单客户。对于 2009 年出现元树华和龙岗港澳通行证两大事件的广东大区，卫哲的决定是：事过境迁后，“省长”扬子江和“大政委”王永森轮岗。

不过，阿里巴巴 B2B 公司中除了 VP（副总裁）以上的管理层外，其他人基本不清楚骗子客户的规模和全貌。即便对职级可能达到 M5 的“省长”和“大政委”来说，也是如此。卫哲告诉笔者，信息保密至此是由于上市公司的信息披露规则等所致。

其实，“省长”和“大政委”连本区内的相关数据也不清楚，他们只知道存在一些违规案例等零碎信息。多位前“省长”、前“大政委”告诉笔者，大区内是看不到本区域里黑名单客户的统计数据的，只有公司总部的网站后台有此数据，而后台是指针对前线的销售支持部门。俞朝翎说：“因为这种欺诈都是买家投诉。买家的投诉邮件肯定是发给网站端，而不会发给业务端。买家的投诉基本上是汇集到网站后台。”服务买家则是网站的职责所在。

而据网站后台的技术统计显示，卫哲于 2010 年上半年推行的针对黑名单客户的非刚性处理措施收到了一定成效。黑名单客户数占当期中供总会员数的比重，相较于 2009 年下降了①。基于这个认识，2010 年 9 月初，卫哲与阿里巴巴 B2B 公司的几位高管开会讨论海外买家对黑名单客户的欺诈投诉时，认为这仍属于让人感到愤怒的问题，但可控。

那时卫哲对 FT 中文网说：“此类投诉在所有投诉中所占的比例在逐渐下降。解决这个问题对我们来说至关重要。我们决定施行非常严厉的

① 当然，相较于“狂风行动”之前，这两年的黑名单客户数都大幅上升了。

政策，并增加相关预算，用于补偿受害的客户。”

事发 1.0

俞朝翎是较早意识到黑名单客户不容小觑的“省长”。大概是 2010 年 10 月，俞朝翎被调回浙江大区担任“省长”，在与前线销售员的聊天中，他察觉到黑名单客户带来的问题很严重。他开除涉事员工，派人留存客户被骗的录音、视频，并告诉主管公司网站的副总裁兼执行董事彭翼捷：“我们这个大区有，也许别的大区也有。”

很难说俞朝翎的提醒起到了什么推动作用，俞朝翎自己也觉得无法评估。阿里巴巴 B2B 公司对于黑名单客户的处理，一直在按照签约→交易→诈骗→投诉→甄别→反馈的流程有条不紊地循环推进。

阿里巴巴强调销售员应强化对客户的核准工作，部分地域客户直接被封杀。比如，河北邢台的化工行业客户由于出现了较高比例的欺诈案例而被封杀。罗炜巍说：“只能通过哪些地方以往发生过（黑名单客户），来判断这些地方的人和行业不能做。”

比如，在 2010 年中，公司在审查黑名单客户的过程中发现，有些基层销售员涉嫌内外勾结。经过管理层讨论后，干嘉伟随即将这些销售员召回总部隔离审查。

比如，2010 年 11 月 11 日，阿里巴巴 B2B 公司发布的第三季度财报中提到第三季度会员增速放缓是因为“我们采取主动策略，更多关注现有会员的体验及提升他们对平台的忠诚度。特别是我们进一步加强了交易市场的诚信及安全保障。我们主动清退了 1200 名存在欺诈行为及有高度欺诈可能的付费会员……”同一个月，阿里巴巴 B2B 公司和国际认证机构天祥集团联合推出了深度认证服务，旨在强化对卖家的资质审核。

2010 年 11 月前后，阿里巴巴 B2B 公司在丽江召开了一次团建性质的活动。据说是趁着各大区负责人都在的契机，被调去拓展海外供应商的吕广渝、当年 10 月开始负责中供中前台的干嘉伟、中供“大政委”郑璐、英文站数据部负责人共同主持了一次会议。阿里巴巴 B2B 公司 COO 李旭晖“全程参与观察”，各大区“省长”和“大政委”们也参与了这次解决黑名单客户问题的会议。

英文站数据部负责人向众人公布了黑名单客户数据，包括数量、地域分布等。初次听到全貌信息的前线团队皆感震惊。俞朝翎对“狂风行动”这两年来伴生的黑名单客户数有一两千家感到“触目惊心”。张卫华也震惊地说道：“有这样的数据，为什么不早告诉我们？我们接收到的讯息非常非常少。”各大区“省长”和“大政委”们这才知道，原来那些黑名单客户并非零星存在。

卫哲没参加这次会议，但他知道将向前线团队公布全国黑名单客户相关数据的动作。至于阿里巴巴 B2B 公司这次为何大反常态公布信息，卫哲的理由是日渐累积的黑名单客户数据显示问题已经很“严重了”。

但卫哲、干嘉伟等人的意思并不是黑名单客户已经失控，而是“（黑名单客户）处于可控的情况，措施都采取了。大家要重视起来。”下一步全国范围内需要更加整齐划一的动作是查处黑名单客户，而这需要各大区主要负责人的配合。

英文站数据部负责人还向众人举例说明黑名单客户的危害性之大。这个案例是这样：一个美国小孩替朋友们买模型飞机，结果收到了一堆“垃圾”，小孩觉得对不起大家，选择了自杀。

各大区“省长”和“大政委”们这才震惊地知道：原来黑名单客户不单能诈骗钱财，还能在遥远的美国造成如此骇人听闻的惨案。李旭晖告诉笔者，他在会议上的总结是在向众人强调“黑名单客户的严重性以及必须及时处理的必要性”。为了与之配套，公司推出了一些更“下沉”的管理措施，比如：签单时需要得到主管的陪访和确认，如果此客户事后被判断为黑名单客户，主管要负连带责任。

在场的前线团队收到了公司发出的信号。俞朝翎认为丽江会议的目的是警示前线：黑名单客户数已经到了一定的数量，公司也在处理，大家要引起相当的重视，要严格处理类似问题。

张卫华收到的信号也类似：今天我们做的事情，意义很重大。它对于一个没见过面的买家来说，可能是一次致命的选择。我们要严格按照公司的要求审核供应商资质。

为了提高大家的重视程度，美国小孩自杀的案例在中供系内开始广为流传。俞朝翎说：“那个时候，其实从整个公司的角度来讲，确实还挺重视这些事，因此很有可能是在各种场合都讲过（美国小孩自杀的案例）。”

事发 2.0

让黑名单客户造成的影响力发生改变的导火索是一个人和一封邮件。2010 年年底，阿里巴巴集团联合创始人蒋芳被调去管理中供的诚信安全。蒋芳对此职位的理解是：专门查处各种为赚快钱而不择手段的坏人。2011 年 1 月 22 日，蒋芳在一封群发的邮件中汇报了自己的近况，并提及了当前的工作内容。

“……2010 年跑来投诉中供是骗子的买家每个月比 2008 年翻了 20 倍！还查到有些销售，一个人就签进来好几十家骗子公司，甚至还一手拿公司的佣金，一手拿骗子的贿赂！真是 TMD 太气人了！现在我特庆幸调我来管这个业务，当年大家好不容易做起来的事业，即使炸掉也不能毁在一帮骗子手里！现在每天组织同事查案子、关账号，想各种办法堵漏洞，干得很带劲……”

根据马云对《福布斯》（亚洲版）所言，他偶然看到了这封邮件，是蒋芳的激烈言辞引起了他的注意。于是，马云给蒋芳打电话，又找到卫哲询问情况。卫哲不太清楚员工与黑名单客户的内外勾结状况，但卫哲知道黑名单客户的规模。自“狂风行动”启动两年以来，有 2326 名中国 Gold Supplier 会员（即中供）涉及欺诈，这些黑名单客户已被清退。卫哲也讲了阿里巴巴 B2B 公司针对黑名单的处理措施。卫哲认为黑名单客户处于可控的状态：“从 1.1% 已经降到 0.8%，再过几个季度就快打没了。”卫哲告诉笔者，那时候他仍认为“这个处理已经是到位的”。

从事后的事态发展推测，马云对卫哲的回答并不满意。马云知道中供有骗子供应商，在 2011 年 1 月 21 日的中供年会上，马云还说：“几个月前去上海 Office（办公室），我听说我们直销上面有些地区带进了骗子。我很难过，但是我相信 B2B 文化，我相信 B2B 团队，我们可以把这些都改掉。”

马云在意的是黑名单客户中透露出的故意签黑甚至内外勾结的可能规模。也就是说，马云更在意蒋芳邮件里的这句话：“还查到有些销售，一个人就签进来好几十家骗子公司，甚至还一手拿公司的佣金，一手拿骗子的贿赂！”

于是，1 月 22 日深夜，马云召集了更多的人在公司附近的酒吧长谈。马云决心对此事追究到底，“我们要对这个事情引起重视”。1 月 26 日，阿里巴巴集团以及各子公司的所有高管齐聚阿里巴巴 B2B 公司，听取关于黑名单客户的汇报。会上宣布，阿里巴巴 B2B 公司董事会将委派已退隐多年、正担任独立非执行董事的关明生成立独立调查组调查黑名单问题。

1 月 27 日至 2 月 17 日，在类似张卫华这样的区域负责人的协助下，独立调查组根据 2326 名黑名单客户，顺藤摸瓜找到了内外勾结签黑名单客户的销售。独立调查组还在香港、杭州、深圳访谈了超过 50 名阿里巴巴 B2B 公司的员工，包括 Sales、主管、区域经理、“省长”、“小政委”、“大政委”、销售 VP、COO、CEO 等。

俞朝翎记得问话的情景：“肯定不痛快，你要知道当时的压力多大……那种问话的语气、语调都不一样。”马云在过去几年里，精力大都花在淘宝上。再次见面，俞朝翎百感交集，“那个时候是热点，老板们又开始关心（中供）了。”

成立独立调查组之后，卫哲才意识到，自己原先的处理措施是不到位的，但他不知道该如何改进。2010 年 12 月底或 2011 年 1 月初[①]，此前有些“劣迹”的广东大区的总经理扬子江和配套的“大政委”王永森被卫哲分别降职、降级、转岗。卫哲认为这已经算是下了重手。

尽管有些不知所措，尽管独立调查组的成立显然意味着黑名单一事已经超出了阿里巴巴 B2B 公司的控制范围，但卫哲并没觉得自己大难临

---

① 据《中山日报》2010 年 12 月 20 日发表的一篇文章显示，直到该报发稿时扬子江的头衔仍是阿里巴巴广东大区总经理。也就是说，在此之后，卫哲才将扬子江转岗。

头了。或者说，他那时也没时间多想。卫哲需要向杭州市公安局报警，需要向当时的杭州市委书记汇报此事，需要加快对黑名单客户中内外勾结情况的了解。

这时，阿里巴巴 B2B 公司的 COO 李旭晖自觉责无旁贷，再加上他当初回来时只想干一两年便退休，于是，李旭晖毫不犹豫地在第一时间向马云发短信提出辞职，并向卫哲递交了辞职报告。或许是基于此，李旭晖认为自己并非被迫辞职。

阿里巴巴 B2B 公司的中层干部们知道事态严重的时间要更晚一些。张卫华等人一直以为这是一个关于客户管理的问题："一开始，我们并没有想得那么严重。"直到一次 B2B 公司的会议，他们才感受到了肃杀的气息。

这次会议由马云、彭蕾、卫哲等人主持，所有"省长""大政委"都在场，没有惯常吵吵闹闹的氛围。"一进来戴珊就说，你们小心一点。"张卫华回忆道。卫哲讲话时间不长，彭蕾没讲多久就开始流泪，然后马云接过了话茬。

马云将黑名单一事定义为"非常严重"。会议宣布，在场所有人都把脑袋别在裤腰带上，公司随时可能会调查。第一，年前就待在杭州，不要回所在区域了；第二，B2B 公司所有的庆典、仪式活动暂停，不批准相关费用的申请，同时在调查清楚之前暂停发放所有在场人士[①]的年终奖。大区副总经理级别的年终奖，大概有三四十万元。在此次会议之前，听说震怒的马云还摔了杯子。

① 也可能不仅仅是在场人士，还包括阿里巴巴 B2B 公司所有 M3 以上的中高层管理者。

异样的氛围、管理动作让张卫华等人意识到：事情可能有点严重了。在会议结束后的一段时间内，这些中层干部的心就这么悬着，忐忑。

所有人都没有过好年。

“我该怎么办”

2011 年的春节，卫哲也没过好。节前，他并没有批准李旭晖的辞职。或者说，他已经没有事实上的权力来决定 COO 的去留了。但节后，他一定要给个答复。

那么，该如何作答？自己针对黑名单客户的处理措施不到位，引起了马云和集团的关注，现在那些不到位的处理措施意味着什么？李旭晖的辞呈意味着什么呢？

“怎么办呢？我的 COO 辞职了，你说我怎么办？这个事，我很难处理。因为我宣布李旭晖辞职，但我不辞职，这算什么？责任就全部归到李旭晖头上了。

第二天的新闻报道全部会问，卫哲该承担什么责任？有人会说，卫哲没承担自己该承担的责任，把李旭晖干掉就算结束了，李旭晖是替罪羊。一定的。

（我的选择）一个是离开公司，彻底离开。另一个是在公司内另外安排一个岗位。过段时间再说。大实话是：我也想过是不是在阿里再换一个工作。

我想过降级转岗，从 M8 降到 M7，但是我觉得这个信号不好，阿里内部也讲不清楚这个级别。

投资方面缺人。我跟马云说，比如你让我管管投资什么的？别的（子公司）还没怎么投呢，只有 B2B 对外投资。

但这个事儿讲不清楚。这算什么？不是说我之前内部轮岗（扬子江、王永森等人）的信号不清楚吗？我如果还这么走，信号不是一样的吗？（我转投资）这个信号肯定不清楚。”

卫哲在纠结，马云也在纠结。马云也没过好 2011 年的春节。根据《中国企业家》的报道，马云“难过”在于考虑“人”。他觉得“处理人与人之间的沟通是最痛苦的。这一个月我痛苦、纠结，这是真话。”马云对《福布斯》（亚洲版）回忆那一个月时也说：“我当时常常在想，如果这个是真的怎么办？”

马云最终找到了理想主义和现实主义权衡的方向。在春节期间，他去了福建省龙岩市上杭县的笔架山。在中共党史上，上杭县召开过旨在加强党对军队的领导的“古田会议”。马云在此地的感悟是“……业绩和政治思想是对立起来的，但是毛泽东把它们合起来。这就是当年红军为什么能够成功的原因，它不是纯粹打仗的组织……”

对马云而言，这显然不是什么新鲜的观感。当初他与邓康明在阿里巴巴 B2B 公司建立起“政委”体系，原因同出一辙。但现在，马云加强了自己的观点：任何人都应坚持业绩和价值观的双重目标，缺一不可。

“做企业不能当侠客。我是公司文化和使命感的最后一道关。作为大家信任的 CEO，我要做的是捍卫这个公司的价值体系。如果你叫我一声‘大哥’，我就可以不杀你，那以后，会有多少兄弟叫我‘大哥’？我不是‘大哥’。”

值得注意的是马云做此思考的背景。那几年，马云正在想阿里巴巴的边界为何。阿里巴巴从一个产品演变为一个平台，再进化成了多个平台。那阿里巴巴是什么？它是否在以正确的姿势、架构与国家政策、世界经济发生联系？马云曾在多年前认为国家是最好的商业模式，阿里巴巴可以在互联网上建立起一个没有边界的“国家”，那阿里巴巴会不会发展成一个帝国？帝国可是历来不持久。

很难知道，马云和卫哲谁先下的“卫哲得离职”的决心，也很难知道他们在下决心时对独立调查组的调查报告知道多少。在 2011 年 2 月 17 日（元宵节）前后，卫哲最终“想清楚了一些事”。他觉得现在既然要“再做纠正，那就不能简单地说‘省长’走人，处理掉几个。李旭晖先提出来辞职，到他这个层面是不够的。（这）还不够。”

为了避免“信号不对”，卫哲决心辞职。

调查报告

2011 年 2 月 18 日，独立调查组向阿里巴巴集团管理层通报了调查结果。2 月 21 日，在阿里巴巴 B2B 公司的董事会上，关明生和蒋芳一起汇报了独立调查组的报告。这份名为《Savio 中供打黑特别行动小组报告》认为，中供这个业务怕是已经到了危急存亡之秋。

“新续分开、‘狂风行动’、32% 的佣金制度彻底改变了中供销售体系”导致中供铁军的目标“第一是客户数，第二是客户数，第三还是客户数”，也就是说，中供更看重股价和业绩。

从全国战术上看，中供过度扩张，比如经理级区域从“2006 年的 16 个区域跃升到 2010 年的 72 个区域”，“销售团队公司上市后 3 年扩张 10 倍，管理者从矮子里拔将军，管理培训跟不上，转调频繁、销售策略被前线销售、佣金制度绑架”。

从管理动作上看，“屁股决定脑袋。区域经理、‘省长’达不到业绩目标的 80%，业绩奖金为零……”报告认为，“政委”也没发挥独立监督作用，“‘小政委’很忙、很小、很弱，更像区域经理助理、副经理，拉拉队长……招人、‘杀人’、罚人、奖人、调人，‘政委’没有决定权，底线的坚守靠人……‘政委’虚线汇报给业务，KPI 的 10% 由业务决定，业绩考核‘省长’决定，很难真正做到 Check & Balance（检查和平衡）……”

从销售员的微观视角看，销售员降低了目标客户的审核门槛，不少离岸公司、个体工商户被签了进来。销售员也不培养目标客户了，“服务抛给售后，甚至不愿、不敢再面对签入的客户”。

他们的销售周期和销售策略也从长时间拜访、深耕区域，变成了快速签单、人海战术、过度承诺。报告认为，中供这个积累了 10 年的有价值的平台，现在正被销售员贱卖：他们不再强调中供的价值，而是以出口通不过就是“一天少抽一包中华烟（的价钱）”来吸引客户。

正是在这样的背景下，有些中供系销售员出现了内外勾结的动作。比如被张卫华、扬子江、卫哲等人认为是 2009 年知黑签黑个例的元树华，背后竟然另有隐情——与元树华勾搭在一起的，正是从福建莆田四散开来的诈骗集团。困扰阿里巴巴 B2B 公司的“苦主”是以福建莆田为主要来源地的骗子供应商，他们从福建莆田开始，蔓延到了广东、浙江、上海、天津等区域。

独立调查组的报告认为诈骗行为乃精心策划，有组织，行动呈系统性。骗子购买出口通后，一般会新开设一个销售电子消费产品的商铺，以极其便宜的价格、较低的最少购货量吸引眼球，然后不发货或者货不对款、以次充好，以此诈取买家的订金等。其涉案总金额在 200 万美元左右，每宗诈骗案的平均金额少于 1200 美元。

当出现“危机的征兆”时，中供“利益当先，以管理方式处理生死存亡的危机，大事化小，小事化了，从而错失了机会遏制事态的蔓延”。这句话说的是笔者在前文多次提及的深圳元树华、龙岗集体造假等旧事，以及杭州区 Top Sales 杜大峰恶意签黑、累计签黑客户 10 个或以上的销售几乎都是大区甚至全国的 Top Sales 等案例。根据《福布斯》(亚洲版)的报道，负责独立调查小组的关明生认为，阿里巴巴 B2B 公司“正在滋生一种文化，那就是为了短期利益可以不择手段，这是非常危险的”。

最终，阿里巴巴 B2B 公司“约有 100 名销售人员及主管和销售经理，曾蓄意或因疏忽原因容许不法分子避过我们的供应商认证体系，进而有系统地于国际交易市场上开设用作欺诈买家的企业商铺”①。根据《福布斯》(亚洲版)的报道，这就是让马云真正生气的地方，“这些销售员怀疑，又或者他们知道卖家是有问题的，但还是签了合同。”近 100 名员工中绝大部分是“狂风行动”后招入的新员工。

这也算是梦魇成真。大概从 2004 年起，马云便一直担心快速增长的员工数会稀释阿里巴巴的价值观，进而因价值观崩坏而出现一些恶性事件。中供的销售铁军从 0 增长到逾 3000 人，花了 8 年时间。而“狂风行动”后的两年间就一下涌入了近 2000 名销售员。马云认为，这超过了阿里巴巴 B2B 公司培训能力的承载上限，而且他觉得其实并不需要这么多人。2012 年 7 月，马云再次评价了招聘问题：“金融危机时多招了 5000 人，这 5000 人让我们到今天还没好好消化，因为我们没有做好

① 摘自阿里巴巴 B2B 公司 2010 年年报。

准备，是仓促的决定。”

在马云看来，如果有近百名员工[①]涉及诚信问题，这就是系统问题。一个事关价值观的系统性大事应早早成立独立调查小组来调查，而卫哲却将此判定为常规的局部问题，仅采取了技术性手段来处理。马云日后对《中国企业家》说：“卫哲知道这个事搞砸了。”

阿里巴巴 B2B 公司对外公告的内容自然简略很多。公告表示，董事会接受淘宝 CEO 陆兆禧为本公司新任 CEO，并批准卫哲、李旭晖辞职的请求。他们之所以辞职，是“鉴于一份于 2011 年 2 月 21 日董事会会议上提交予董事会的内部调查报告内容”。

公告表示，那份报告的初步调查结果总结为：“……中国供应商诈骗全球买家的个案呈上升趋势。虽然管理层……采取行动以图解决问题……但董事会认为，这种组织性的问题是需要本公司继续强化价值观才得以解决。本公司已确定了 1219 名及 1107 名分别在 2009 年及 2010 年签约的中国供应商涉及诈骗全球买家。这些供应商分别占 2009 年 12 月 31 日及 2010 年 12 月 31 日 Gold Supplier 会员总数约 1.1% 及 0.8%。本公司已把相关的商户店铺全部关闭了……调查结论是：对业绩的过分追求，为了获取短期经济利益而不择手段，导致本公司的销售组织部分受到负面影响，更可能对本公司的价值观造成较大冲击……”

① 截至 2010 年年底，阿里巴巴 B2B 公司里拥有 13600 余名员工，其中中供铁军大概为 5000 人。

第三章　人事地震

引咎辞职

卫哲告诉笔者，独立调查小组的报告出来后，他才知道了不少阿里巴巴 B2B 公司的负面运营细节。

“为了把中供卖点讲清楚，很多地区的说辞和话术是‘1.98 万（元）相当于一天一包中华烟’。就是说，每天少抽一包中华烟，你就有了（出口通）。他们不讲公司做这件事的价值了。培训也不讲价值观了，讲怎么签单，（说）这是对的，为了客户数。但我都不知道他们的话术成这个样子了。这种话以前阿里是不讲的。我一直去百大讲课，但是我不参与他们这么多细节的培训，我哪知道已经变味成这个样子了？我是不对。”

因为独立调查组，卫哲才知道了自己当年对英国买家协会事件的处理简单粗暴。“最后查出来了两个犯罪集团，一千多客户中 80% 是这两个犯罪集团开的户。我们总结过这一千多个单子，有四川、河南、江苏、上海签的，（其实是）莆田的流窜了。当时（2007 年英国买家协会事件）我们说惹不起，咱们躲得起。业务停了，一单（莆田的）都不接，当时我就简单粗暴了嘛。但是犯罪分子也得活啊！他们得‘创业’，就流窜到全国了。”

因为独立调查组，卫哲才知道了部分员工被拉下水的细节。“‘狂风行动’把黑单放大了，因为黑单成本低，又考核客户数。后来犯罪分子派人来应聘我们的销售，打入到我们内部来。他们拉我们的员工下水。他们接触过我们好几百个员工，有九十多个下了水。有销售员，还有个别主管吧，不包括管理层。在这方面，经理都找不出问题。”

“理论上是别人想攻你，相当于黑客入侵，没办法的。真是没有意识到（元树华）内外勾结……（龙岗港澳通行证造假）这种细节[①]，我真的吓一跳。我真不知道……假的，都是假的，我们帮客户准备的。我真不知道……”

“调查组告诉我（黑名单）客户的数据，我根本不惊讶。大家都知道，马云也知道，你永远不可能把欺诈干掉。但是我们内部不能出问题，我辞职的主要原因是内外勾结或者睁一只眼闭一只眼，不是客户欺诈。马云生气的是勾结，我生气的也是勾结。不（内外）勾结，我也没有这么大罪过。”

卫哲认为更严重的问题是，“有四五百人[②]是知道这个事的。只是他们自己没参与。”

笔者问：“数据来源是哪里？”

卫哲答：“调查组访谈。比如问你做了没有，你回答没做，但是知道

---

① 龙岗港澳通行证造假，无论是阿里官方还是中供系人士，都不把它看作是恶意签黑的黑名单事件的一部分，它是内外勾结。

② 这个数字有点“拍脑袋”性质。2015 年笔者采访卫哲时，他说的数据是三四百人。

团队做了。这么一问，大概一估计，10%以上（知道），甚至更高。知道了，你不报，公司就不知道有这种情况。这在阿里以前是不可能发生的。我的责任在于为什么我们的员工都被拉下水了，而且这四五百人中没有人向公司反映这个情况！所以我内疚在这儿。”

笔者问：“知道了，但是没有上报？”

卫哲答：“对。而且这么多‘政委’天天在第一线，也不报。当时调查组发现，有‘政委’知道这个事。”

笔者问：“是吗？”

卫哲答：“当然有。‘小政委’是配给区域经理的，贴员工很近，肯定知道的。”

尽管已经决定辞职，但是在这份报告的全部内容出来后，卫哲才认为自己做错事了。“服。不是我现在服，我当时（就）服。”卫哲对笔者强调他当时的主要情绪，“做得不够啊！确实不够。这个怪我，只是把它当成局部问题、个案处理。下面一直在开除（触犯高压线的员工），我没有意识到，兵出了问题，一定是官出了问题。我没有追究官，这个我检讨，我真的是要检讨。”

在后来的B2B董事会上，卫哲、李旭晖的辞职正式被接受。从此开始，连带着的后续相关动作，被中供系自称为“黑名单事件”。[①]

---

① 搜索引擎上有一篇流传颇广的关于卫哲等人因黑名单客户受处分的文章，并将之称为“春晖事变”，这个称谓或许是官方版本。不过笔者听到的，阿里巴巴官方内部更多称之为“价值观事件”或“卫哲事件”，并没有统一的称谓。“春晖事变”这个说法，也没得到中供系内的认可。事实上，从卫哲开始的一大票受罚对象，都没听过这个词，也不知道为什么会有这个词。张卫华说，有“春晖行动”这个说法，但所指的是新续合并。

不同的分母

如果要做得“足够”，或者说起码比过去的处理措施强，那应该怎样？

卫哲认为他当时的常规处理措施偏软，他本应该在广东大区出现元树华事件、龙岗港澳通行证造假事件后杀一儆百。“当时规定签几个黑单才能开除，这是不对的，应该签一单就走。否则，你是在告诉别人，公司允许黑单。信号（传递）不对！

你想，这么大的事，我们当时处理最严肃的就是扬子江和对应的‘大政委’阿森（王永森）嘛。一个降级、转岗，一个调岗。‘大政委’被调到淘宝去了[①]。慢了！轻了！我的价值观确实没有顶到位，顶到位就应该把真实原因公开。我们连坐（执行得）比较松，那时候我也没动总部的人。我没下手，那这个信号就不对了嘛，太轻了！说实话，如果继续用我的方法处理，整个黑名单还是会被压缩，不会像后面这样干净地清理。

让我现在回到那时，我肯定不会再那么处理。即使是（业绩）最大的一个省的‘省长’，也得干掉。你必须重到干掉一两个大区总经理，才能镇住这个团队。按理说也要处理阿干（干嘉伟）、Michael（吕广渝），应该、必须连坐。

这不是我发明，历史上就是直接连坐。但我没有去深入研究阿里很多黑白分明的历史。如果我把这段历史看得更清楚，我的价值观再到位一点的话，我不一定会（连坐）干掉阿干他们副总——大实话。但如果处理得早，可能就干掉一两个大区总经理。

为什么我那段时间比较软？我是觉得团队真不容易。‘狂风行动’

---

① 卫哲记得自己将王永森调往淘宝，应属错记，王永森是被调去了口碑网。

是这些兄弟打拼出来的。我真的不舍得为了这个事就这么处罚他们。我也不认为是他们的直接责任。而且我（当时）已经认为（降级、转岗）处理很重了。”

以 CEO 的视角看黑名单事件，在苗头期杀一儆百是断臂止血。笔者看来，这未免过于惨烈。笔者认为，在黑名单事件的发酵期，卫哲可改进之处更为明显，比如黑名单客户的规模呈异样的察觉时间。

根据日后阿里巴巴官方发布的数字，在 2009 年及 2010 年，分别有 1219 名及 1107 名签约的中国供应商涉及诈骗全球买家，它们分别占当年度 Gold Supplier 会员总数约 1.1% 及 0.8%。如卫哲的目光聚焦所在，其比例确实在下降。

但笔者觉得这事儿需要换个分母来看，应以阿里巴巴 B2B 公司于 2009 年及 2010 年分别为 53082 及 25164 的净增中供会员数做分母。黑名单客户基本上来自 2008 年年底、2009 年年初开始销售的价格便宜的出口通，那么，对照这两年的黑名单客户数即可发现，分母若为年净增中供会员数的话，黑名单客户数在 2009 年及 2010 年的年度占比分别为约 2.3% 及约 4.4%。尽管幅度不大，绝对数量不算高，但至少在 2010 年上半年，事态确实在恶化。

在基层，确实有些细节能感受到事态的恶化。比如有些区域的团队氛围已不如从前。在罗炜巍看来，1.98 万元和 5 万元这两个价格需要的是不同的能力模型：“卖 5 万为什么能够兄弟情深？为什么能够有战斗力？为什么能够有很好的思维逻辑？是因为那个产品很难卖。你自己需要好好地学整套说辞，理解电子商务和我们的产品，需要很勤奋。很多时候你很难单兵作战把一个客户拿下。你需要兄弟合作，需要每天晚上演练和分享。到 1.98 万元的时候，招进来的人不需要老一套的顾问式销售了。（对客户的话术是）‘不就 1.98 万块钱嘛，一天一包中华烟，一年就 1.98 万。’什么样的土壤长出什么样的团队来。”在部分中供人看来，这种氛围再与中供当时的 PK 氛围一结合尤为可怕：PK 的时候容易签黑！

阿里巴巴 B2B 公司能看到买家投诉汇总数据的人，包括英文站负责人①、CEO 卫哲等人。他们都能在 2010 年下半年起（考虑到确定某卖家为黑名单客户所需的时间）通过数据得出黑名单客户数量的苗头不对的结论。但是，在有限的几个人当中，没人把这个事想得那么细。这即是他们的失察之处。

卫哲功过

根据《福布斯》（亚洲版）的报道，马云曾告诉卫哲：“如果你们在 6 个月前，像我这样处理这件事，你们今天不是这样的结果。如果现在我不这样做（卫哲、李旭晖引咎辞职），6 个月后，那 23000 名阿里巴巴集团的员工，就该开除我了。”换言之，阿里巴巴 B2B 公司在 2010 年第三季度清退 1200 家黑名单客户，并重采取一些常规措施致使“新的诈骗账户也明显下降②”，再多一个成立独立调查组查处此事的管理动作，卫哲和李旭晖便不用引咎辞职。

事实是卫哲失察了，没细想。“当时我一直看的是总量，我们没有

① 无法确定此人到底是谁。据说是阿里巴巴 B2B 公司副总裁兼执行董事彭翼捷，但无法确定其在 2010 年是否主管英文站后台。

② 描述引自阿里巴巴 B2B 公司的公告。

把它按照新增（客户数）来除。”卫哲还告诉笔者，没细想数据还体现在自己低估了同一个百分比背后的绝对数量的意义。“2 万家客户的时候，1% 是 200 家。我们从 2 万客户到了 10 万客户，1% 就是一年冒出 1000 家，两年累计就 2000 家了嘛。它对我们品牌和团队的伤害是放大了 10 倍。你想，100 家才涉及多少个销售，签 1000 家就不得了。新的发展制度有了，新的风控制度没有跟上。所以我说，哎呀，我这个财务出身的，更多地看到比例，而没有想到这个绝对值影响。所以，2005 年、2006 年延续下来的很多措施一直还在用。”

之所以没对黑名单客户的数据想那么细，是因为卫哲自“狂风行动”之后，便“挪开心思”去筹划、实施阿里巴巴 B2B 公司的整体转型。从那时开始，整体转型便是卫哲的头号工作。在 2010 年上半年知道黑名单客户数不容小觑后，卫哲也“没再去想（黑名单客户数据）”而是将精力投入到了“那些大事（公司转型）”上。

按同等级企业的行事作风而言，企业的整体转型是压倒一切的头等大事，卫哲更重视它，无可厚非。而且，卫哲把阿里巴巴 B2B 公司的这盘老棋局下出了新气象。

如同笔者在“转型路线图”等前文所述，阿里巴巴以大量新增客户为基础，先在中供和诚信通这两个老产品上提高增值服务的比重，同时在外贸和内贸领域均推出了以增加交易和服务模块为核心的变革举措。

由于中供的价格高昂[①]，客户很难自主化下单，还是需要销售员的助

① 卫哲说新续分开的一个重要原因就是让续签的客户逐步自主续签，也就是说，从续签环节开始提高中供的自动化程度。笔者没找到第三方信息与之佐证，这或许确实是设想之一，但从结果看，这个初衷并未达成。

推和服务，因此，中供的分流是小批量、多方向的疏导。一达通、速卖通等新业务就是卫哲渐进式分流地推铁军的目的地。“我们要分流，当时跟马总商量。那时候我们 5000 人，（中供一旦）下滑就没出路呀。我调了多少中供人去一达通？彭静等人都是中供调过去的。去速卖通拓（展）客户的人，也是一帮中供人。不用全部转型的，一点点拧过来。”卫哲说他在 2009 年时就计划于合适的时间将中供的直销改为代理，“让自己员工做代理，承包。不拿公司股票，员工自己成立一个公司，可以自己当老板。（因为）我们相信你，你是我们培养出来的。”

而拥有电销铁军的诚信通由于价格低，走的是通过自助式增值服务来降低人工成本的路。2010 年年底，增值服务在诚信通的营收占比已达 20%①，卫哲称，他离职时像网销宝这种带竞价排名的产品几乎实现了自动化，“我走的时候已经 60% 是客户自主续约，不需要续约团队了。”

总而言之，老“奶牛”进行瘦身时仍在产奶，新的“奶牛”也正在就位。尽管卫哲的整体转型并未完成，但就其走过的路径来看，已见成效。

车要保帅？

可如果要换成更长期的目标，也就是以阿里巴巴的价值观视角来看的话，现实主义与理想主义的权衡是另一番干脆利落。

当业绩与价值观冲突至二选一时（尽管没几个人能意识到要进行二选一的时间点），选择价值观。所以卫哲的工作确实出现了“巨大的”

---

① 数字来源于阿里巴巴 B2B 公司财报。

过错——他选择了代表业绩的整体转型。

进而，卫哲忽视了中供在“狂风行动”中可能发生的细微变化：比如新招聘了如此之多的销售员，是否已经超过了阿里巴巴培训体系的承载能力？这意味着什么？这些新人还没来得及融入、理解阿里巴巴价值观的时候，便直奔客户数、业绩而去，又会发生什么？

有不少人指出，被独立调查组认为只看业绩和股价的代表性口号“第一是客户数，第二是客户数，第三还是客户数”，是马云而非卫哲所提。读者应该还记得马云在“狂风行动”的讨论会议上认为大家把推出出口通后的预期客户数想小了，并认为在座的阿里巴巴 B2B 公司中高层“少了一种精神——创业者的精神和激情……”

因此，马云要背黑锅吗？张卫华觉得，对于客户数的强调是马云的错误引导之处，因为“如果企业给你定了客户数是最重要的，你一定会降低对客户质量的评判”。俞朝翎觉得，“当你有一定的业绩压力之后，你就（不自觉）放松了（审核）。”

现在这般结果，便有中供系元老认为，卫哲是车，马云是帅。“车的价值在于保帅！帅不处理车，帅就要被处理掉了。等人来处理帅时，帅就被动了。卫哲只有一点这样的错误吗？我们不去阐述。你觉得黑名单到了不可以接受的程度吗？如果你是马云，保一个人和不保一个人，你有 N 种方法。卫哲的离开应该是一个必然的过程。卫哲拿了几个亿的‘遣散费’，帮老板顶罪，这不很正常嘛。”这位元老所言的“遣散费”，应当是指卫哲当年加盟时所享有的巨额期权。笔者不清楚具体金额，但按照期权变现的四年期惯例，卫哲离职时，正好是到期可全部变现之时。

尽管马云在新续分开、“狂风行动”、“批斗卫哲”等阿里巴巴 B2B 公司的大事上起了不小的推动作用，但 2009 年、2010 年确实较少听说他对公司的参与有多频繁。以笔者所知，卫哲并不是马云的影武者。至少卫哲自己认为，马云那几年的重心完全不在阿里巴巴 B2B 公司，“我不是说了嘛，一开始（他）总会来参加很多会。关明生教会我一些方法以后，我们就跨级了解情况，逐级布置任务。五年内谈业务，他半夜给我打电话就一次。”

负总责

对方向有最强把控力的 CEO 带偏了公司，而卫哲就是 CEO。这是卫哲认为自己做错并且服气的地方。所以，卫哲在 2011 年 2 月 21 日发内部邮件解释离职原因时，把“我作为 CEO，没有起到阿里巴巴价值观捍卫者的最重要的职责”当作本质上的原因。

这也是李旭晖认为卫哲要承担责任的原因。“狂风行动”可以为客户减负，但长期来看业绩指标还是要合理。当年马云定出一个“吓死”团队的目标，最后大家努力超出预期再让马云大感惊讶的套路可能不适合上市公司。毕竟那时候的财富看不见、摸不着，如今公司里有几千位能够随时变现的员工股东。

“你说谁有办法单一地给我们这个压力呢？业绩的压力等，这些其实是自己给自己的。就是说，虽然有业绩的压力，但并不意味着我们一定要对销售给这样的业绩指标。销售喘不喘得过气，我们心里有数。要增长业绩，只有增长人数，再往新的地方去派发。如果这些人培训得好，有系统地去开发客户，一步一个脚印走下去，这个扩张的方向就没错。”李旭晖觉得当年他们在各类压力之前没做到循序渐进地发展，“当时我自己也应该要有承担，去抵挡住（压力）。”

确实有中供老兵认为，李旭晖没起到相应的作用。“当初请他回来的目的是什么？做防护墙。有人犯错误，你帮我拦住。他为什么做COO？因为所有的命令要通过他传下去。老阿里至少能把把关嘛。但也没法求证，这是我的感觉和看法。”

原以为CEO能挡住业绩压力，结果CEO没挡住业绩压力，这使得相当数量的中供人认为卫哲从职业经理人向阿里人的转变并不彻底，卫哲的初心仍然是代表股东、业绩、财务数字的理由。或者他们根本就不认为卫哲想去抵挡住业绩压力。比如卫哲推出的“狂风行动”，他们不相信卫哲会认为降价未必能达成客户数的大增。这或许是为什么卫哲每次跟笔者提到“狂风行动”的降价，都要强调自己的初心是为了给客户减负。因为降价直接导致了“莆田系”骗子开始进攻阿里巴巴B2B公司。这之后的激励政策调整、客户门槛不自觉地降低等给“莆田系”骗子作恶埋下了种子，自然也是负总责的CEO的责任。

现在回想起来，王永森觉得“狂风行动”期间的中供“要客户数、要业绩，过于关注业绩，急于要结果”。在人的精力有限、分配时会有优先级的前提下，管理层的管理动作便会有所变形，前线团队的精力也会偏向业绩方向。所以，如果那时中供团队的管理再精细化一些，王永森认为，他们应该“能够发现”潜流涌动中的黑名单事件。

没有委屈

王永森承认这很难做到。首先，中供的管理团队当时并没明显感觉到自己以及同僚“正在过于关注业绩”。如前述，中供的人、事、物的背景一直都是战场，在以战队自称、排名、口号、PK 等氛围环绕下，关注业绩是再自然不过的动作。“阿里的文化一直在这种（业绩增长的）状态中，每个月接得很紧，只是有些区域经理抓得紧一点，有些松一点。”一直在中西部大区担任区域经理的叶程坤觉得，“即使不是卫哲，换别人来，或者没有‘狂风行动’，结果也一样。即使没有黑名单，也会有灰名单。”

“那个时候，我觉得在那种很强大的追求数字的氛围前，个体其实是被惯性推着走。如果你要抵抗惯性，就要投入更多的东西，要有更多的人一起来面对。它不是宿命，它是可被逆转的。你说谁可逆转？就是最上面的那个人。他要付出更多，可能阶段性的数字要放弃，有没有勇气放下？他要带领下面的一群人一起来改变。一个人改变不了，这不是一个点，这是一个局，这是整盘棋。”王永森说道。

所以，他们觉得，卫哲因黑名单事件引咎辞职是理所当然。一些前高管承认“我们多多少少对卫哲有一些不同的看法”。一些中供人认为，“让卫哲来是马总犯的一个错误。如果没有卫哲的话，中供会走得更远。”笔者见到的很多中供人，或者认为卫哲辞职另有隐情，或者表示无语，或者没有自己的观点。夏小虎的观点更加明确：“从上到下都有制度的责任，你是最顶端的人，你是制定制度的人，你的责任比一个销售员签几个黑名单大多了。如果制度在你手上，你不去完善这个制度，不去把这些人挡在门外，销售员怎么挡？没法挡的。”

简而言之，阿里巴巴 B2B 公司的 CEO 要做到两手都要抓，抓到带领公司完成业务大逆袭的程度；两手都要硬，硬到销售团队犯错的比例不能超过 2%、销售团队中知道有人犯错却袖手旁观的比例不能超过 10%。

这实在太难了！卫哲并不是只带领 ICBU 或 CBU 一个事业部，只带领销售团队这一部分员工。截至 2010 年 12 月 31 日，卫哲带领的阿里巴巴 B2B 公司的员工总数是 13674 名①。不知道谁来坐卫哲的位置，会做得比他好？

卫哲引咎辞职后，第一时间的情绪到底如何？按卫哲的说法，他递交辞职报告时内心只有遗憾，“转型还没完成。可惜，可惜，可惜”。但确实没有委屈，“有委屈是你认为自己是对的，别人处理错了。但这次是我自己意识到自己不对嘛。”

而后，卫哲在乎的是内部员工对自己的评价。他把“道全体员工书”的跟帖给妻儿看：“从这儿知道了，卫哲在阿里巴巴还是得到了大家的认可。（集团）一共就几万人，我那个下面几千个帖子，几乎没有人说不好。”对于部分中供系，时隔多年仍认为他当年是为了业绩而去，并且由此不喜欢他，卫哲表示无奈，并认为公司内部对自己“认可的多，级别越高越认可”。

或许是因为卫哲一直在走精英路线，又是偏理性的财务出身，所以，他遇事时的反应更多是取舍和评判。离职后没休息多久，卫哲打电话给德同资本合伙人朱大铭，表示自己想做 PE（私募投资）。两人相识近二十年，卫哲在 2006 年加入阿里巴巴前，曾犹豫过是否进入 PE 行业。在卫哲离开阿里巴巴后，朱大铭便猜到卫哲将重回金融领域。

果不其然，卫哲引咎辞职的两个月后，即 2011 年 4 月底，卫哲、朱大铭联手成立了嘉裕基金。

---

① 中供人自己描述团队规模时常说的一个数据是七八千人，这应是指中供作为一个事业部的员工数，并非是指前线销售团队的人数。

二次逼宫?

卫哲、李旭晖引咎辞职的消息立刻传遍了全网，并因道德意味较浓的离职缘由一时间成为全民热议的话题。震惊之余，大多数媒体将阿里巴巴 B2B 公司 CEO、COO 离职与公告的欺诈客户数联系在一起。媒体并不知道“近百名员工被拉下水有内外勾结”才是他们引咎辞职的“咎”。

绝大部分评论人士和网民不认为阿里巴巴是在以较高的商业底线对自己进行刮骨疗伤，他们相信卫哲离职背后一定另有隐情：“卫哲因为诚信离职，继任者为何反而来自存在不诚信的淘宝？”“阿里不能容忍触犯诚信原则，又为何能容忍淘宝存在的问题？”“卫哲只是阿里巴巴业绩不佳的替罪羊”“卫哲：‘雅巴之争’又一牺牲品”“马云此举是丢车保帅”“让引咎辞职的高管来背黑锅的把戏，应该不能一玩再玩吧？”……

马云对此舆论的态度是：“这很正常，我不是追求大家的认同，而是做我们认为正确的事。”卫哲对此事的回应则一直走“道全体员工书”路线：正面认错，但不谈细节。直到接受笔者采访之前，卫哲从未公开讲述过此间细节。

阿里巴巴 B2B 公司的中层干部们得知 CEO 离职的时间，基本与外界得知消息在同一时间点。2 月 21 日下午 4 点，港交所闭市后，阿里巴巴 B2B 公司召开了由马云组织的会议，现场宣布了 CEO 卫哲和 COO 李旭晖辞职的消息。

在场的阿里巴巴 B2B 公司高层、“省长”们、“大政委”们均大感震惊，谁也没想到事情竟然会严重到如此地步。敢情他们在春节期间的忐忑不安，还是轻松了。在场的干嘉伟、张卫华说，他们那时才知道卫哲和李旭晖要引咎辞职，第一反应是：小题大做，没有严重到这种地步吧?

卫哲在这件事情上要承担这么大的责任吗？

要知道，那时卫哲的地位不同往昔。马云素来不喜欢职业经理人，阿里巴巴和中供的氛围又如此接地气，这些都对“空降兵”造成了很大的挑战。但卫哲顶住了，并将自己原地拎起去适应阿里巴巴和中供。同时，卫哲还做出了可观的成绩。一些类似张卫华的中层干部对卫哲的离职颇感可惜：“在当时的阿里，我认为他慢慢游刃有余、得心应手了……那个时候，马云也比较明确地在一些场合表达了卫哲可能是他未来的接班人。”李旭晖也表示：“反正马云是很喜欢卫哲的，马云很舍不得卫哲离开。”

既然觉得“小题大做”，那接下来的推测就显得顺理成章了。不少“省长”和“大政委”想：是不是还有很多严重的事情我们不知道？难道他背后还做了什么？就了解到的信息而言，我们大部分人觉得不应该做这么严重的处理。

很快，一个曾经甚嚣尘上的“阴谋论”色彩很浓的小道消息，借着“天时”在阿里巴巴 B2B 公司复活。它被不少中高层干部们认为更接近于卫哲离职的真相。在 2007 年 10 月，阿里巴巴 B2B 公司发布招股书公布了卫哲的期权数之后，据说包含“十八罗汉”在内的阿里巴巴集团决策层对马云施加了不小的压力，他们认为卫哲不值得这么多期权。但马云顶住了，卫哲也顶住了。

如今黑名单事发，至少包括“十八罗汉”在内的部分阿里巴巴集团决策层再次逼宫马云。尽管卫哲的巨额期权的行权期已到，逼走卫哲并不能降低他从阿里巴巴获得的利益，但起码碍眼的人走了。

马云这次顶不住了。理由据说是，他不能一直拒绝“十八罗汉”。马云作为集团 CEO，经常要孤独地做复杂、艰难的决策。而自阿里巴巴创立以来，并未在很多关键业务上发挥巨大作用的绝大部分“十八罗汉”能给予马云无限的支持和完全的信任——哪怕是马云被所有人骂的时候。这个很难判断是否存在的“二次逼宫”，号称“三个女人绑架马云”，其中包括蒋芳。

回应

无法判断马云是否针对于此，但他在 2011 年 2 月 25 日的淘宝年会上评价了 B2B 事件（黑名单事件）：“大家也知道，过去的一个月确实是我最艰难的一个月，过去的四五天好多了……不管外面人怎么说，我们知道自己在做什么……纠结、愤怒、难过、痛苦，是人的问题。做事情是最容易的，做人是最难的。这几天我在想，我们这儿卫哲、Elvis（李旭晖）、邓康明，还有我们很多称为区域经理的，每个人正在为此承担责任……做这个决定后，我也看了不少评论，说阿里巴巴一定是政治斗争，几种利益团体角逐，最后达成这样的协议。真是太复杂了，哪有这么复杂，感觉像拍电影似的！”

在 2011 年 3 月的一次活动上，马云评价外界的诸多解读时再次表示：“外面的版本太多了。因为大家都认为价值观只是贴在墙上，自己不诚信的人，永远不相信别人会为诚信付出代价。什么乱七八糟的事情都出来了，哪有这么复杂？”

2011 年 4 月底，马云又评价了卫哲的引咎辞职：“卫哲身上有很多勋章……我送他一个伤疤，等他 70 岁的时候会感谢这个伤疤，永远不会忘记，这是我送的最大的礼物。20 年以后，他告诉别人因为这样的事情，也被迫离开过公司，我相信所有的年轻人会肃然起敬。”

2012 年年底，马云接受《时尚先生》采访时说：“卫哲这个事情是个突发性事件。这不是个预谋已久的事情。”在同一次采访中，针对外界认为阿里巴巴借用价值观铲除异己[①]的问题，马云回道：“别人要说你铲除异己。我们公司有没有？有！但我马云从来没有用价值观铲除异己过。如果我有，那下面一定变形了。我没有，不等于下面不变形……下面的人，我直接管的人没有。再下面有没有，哎呀，有可能……但绝不等于这家公司的主体是这样……这种执行的误差是存在的，不可能百分之一百完美。”

卫哲则告诉笔者，并不存在所谓的“二次逼宫”。“蒋芳肯定不会。大实话，蒋芳人特别单纯。”

笔者问：“那你听到过刚才这个阴谋论？”

卫哲答：“听到过。但那是在上市后的事情。”

笔者问：“有说法认为是她们一直在吹风，吹了很久的风？”

卫哲答：“不会吹这么久，马云做事挺果断的。过去了，2009 年、2010 年，这个声音几乎就没了，不会酝酿这么长时间再爆发。”

笔者问：“所以你否认这个说法？”

卫哲答：“肯定否认。”

笔者说：“但是黑名单事件之后……”

卫哲说：“就会有人再去联想到这个事。”

笔者说：“还挺多人联想（这个事）。”

---

① 根据上下文，这个“铲除异己”预设的主角并非卫哲，而是淘宝网第一任 CEO 孙彤宇。笔者认为，马云此话可以代表他对此类事件的态度。

卫哲说："那肯定是。"

笔者说："很多人至今都不认为这是一个单纯的价值观事件，但我看你就认为是个单纯的价值观事件。"

卫哲说："对。你说我辞职冤不冤？（我引咎辞职）不冤。我确实放松了。"

笔者问："我这么写出去，会有很多人认为你被洗脑洗得很干净？"

卫哲答："（我被）洗得很干净。我信这个。我敢辞，马云敢接。我跟马云说，我辞职，别人会想马云该承担什么责任，他的压力比我大。马云知道，社会上同情我的多，责怪马云的更多。当时我们就有这个预料。"

对于卫哲所言，部分中供人士嗤之以鼻："我才不相信卫哲真的那么认为。"他们认为，卫哲这么说可能是在为一些人"打掩护"，他们绝对不相信这只是一个所谓的价值观事件。也有中供人士虽然不知道卫哲是这么想，但觉得"阴谋论"的推测不值一提："利用这样的事情整卫哲，太小看阿里，太小看马云了……我们都当看故事，一笑了之……媒体的想象力挺丰富，我们都不屑的……你一定要说有，我也不能反驳，反正我这个层级感受不到这种东西……"

"我自己会认为这些大多数都是八卦。只有当事人和马总，才能够说清楚当时是出于什么方面的考虑。就像鞋子合不合脚，只有脚和鞋子明白。"俞朝翎认为，其中事实如何太难考证，但这个结果体现了他们与集团看待黑名单客户的差距，"其实那个时候（2010 年）大家已经重视（黑名单事件）了，只是集团觉得处理得太柔了，不够有力度，偏软，不够硬。没有从顶层的角度出发看这件事情，只弄了一些小鱼小虾，集团觉得这个事情处理不到位。"

作为旁观者，笔者不知道事实究竟如何。这几年里，笔者多次采访了卫哲，他的态度始终如一，望之颇为可信。至于中供人士所言，符合一般人对人事巨变的常识认知，但很难被印证，还遭到了当事人卫哲、马云的否定。

至于传说中不喜欢卫哲的阿里巴巴创始人和创业元老，笔者无缘得见。公开资料中基本没有相关表述。能明确的是，确实有人看卫哲“很不爽”。至于这种“很不爽”的情绪在推动公司决策时会起到何种程度的影响？在处理这次黑名单事件时，又会发挥哪些影响？以笔者的从业经验来看，这种事儿恐怕连推动“执行的误差”出现的当事人也未必那么清楚——如果有这号人物存在的话。

对于卫哲的离职，笔者认为表述至此足矣。

第四章　余震

余震之开除

在卫哲辞职现场的阿里巴巴 B2B 公司的干部们很快意识到，与其想着卫哲离职的真正原因，不如想想自己该怎么办：CEO、COO 都引咎辞职了，那我们也逃不掉，肯定要接受处分。要“砍掉”卫哲，一定要有人给他“陪葬”，不然怎么对得起这个价值观事件的肃清呢？

不过，他们忐忑已久的心到底是落地了，毕竟 CEO、COO 已经承担了自己的责任。从 VP（副总裁）到区域经理都知道自己在黑名单事件中要承担一些责任，但没人觉得自己会承担很大的责任。张卫华认为自己的想法有代表性：“我们自问在这件事情上没有太大的过错。我们前线知道这件事情（黑名单客户）后已经解决了 70% 的问题，很多人都不认为自己有很大的失职，所以不知道该怎么做。”

但马云和独立调查组并不这么认为。他们认为，那近 100 名[①] 涉事

① 无论是阿里巴巴官方、独立调查组，还是卫哲、受处分的中层干部均说不清楚那近 100 名涉事销售员中，故意、疏忽、内外勾结的具体比例。张卫华认为疏忽的比例最高，知黑签黑、内外勾结的人“几乎是没有的”。在张卫华看来，绝大多数有黑名单客户的销售员的签单心理是迟疑或者犹豫。

员工意味着近5000人的直销团队、员工总数超过13000人的阿里巴巴B2B公司的价值观出了大问题。解决方案正如此前公告中所言，“这种组织性的问题需要本公司继续强化价值观才得以解决。”

为了“强化价值观”，独立调查组认为，应按照连坐制对阿里巴巴B2B公司管理层予以处罚。以英文站后台的黑名单客户数据为源头，各大区按图索骥，找到签黑销售员对应的管理层。“省长”和“大政委”再按照黑名单客户数的多少，将对应管理层的处理名单和处罚建议上报给主管中供的副总裁干嘉伟。

虽然干嘉伟说“处罚名单方案是我一手弄的”，他还将处理方案向已离职的李旭晖做了汇报以示尊重。但无论是干嘉伟还是李旭晖，对某人应降级还是辞退只能起到润滑作用，决定权属于独立调查组。从干嘉伟开始的管理层，更多是自上而下地执行对某人的惩处方案。也就是说，虽然决定权不在自己，但他们能充分体会手刃兄弟的痛苦。

大概从2011年3月初开始的针对管理层的惩处动作，算是阿里巴巴B2B公司的内部事件，并未进入公共视野。

“当时是Savio和蒋芳过来做访谈。我说要不把我（的处理）先谈了吧，我在名单的第几个？我当时不知道我可能被辞退还是被降级。公司说你肯定也在处理之列，但你是‘大政委’，你要把所有人安排好，谈心的谈心，降级的降级，劝退的劝退。谈完之后，你是最后一个（处理）。”张卫华对笔者说，“你知道这是多么悲壮？我兢兢业业地安排了几十个人的访谈。当我知道了消息，他们还不知道的时候，他们来问我：‘老张，你肯定知道，你告诉我，到底我走还是留？’我怎么说？”

悲壮之外，还有一丝超现实的荒谬感。业绩最好、黑名单客户数最多的广东大区需要开除一名区域经理，独立调查组选定了深圳二区的区域经理。这是一位阿里巴巴的老员工，业绩十分出色。当曾为深圳一区区域经理、时任“大政委”的张卫华告诉他时，得到的反馈让张卫华很尴尬。

“一开始他不接受，肯定想挽回。他说为什么是他？我说这是公司的决定。他问公司怎么决定的？我说他区域内黑名单客户有多少多少个。他就问：‘老张，你的业绩最好，黑名单客户肯定比我还多，公司为什么不开除你要开除我？’”张卫华无话可说。

深圳二区经理所言属实。之所以没开除张卫华，或许是因为他早已升职，在那个时间点业绩最好的是深圳二区，或许是因为张卫华“人脉很广，人际关系很好，多种善因”，或许是因为深圳二区的经理比较倒霉。

张卫华回忆道：“把‘深二’的经理开了，‘深一’的经理保留，我自己都不好意思。因为我当时的身份是‘大政委’，还让我去面谈，真绝了。我真不知道该怎么跟他谈。我难道跟他说，因为不能开我，所以开了他？我在面对他的时候很无力，没办法聊。大家就熬着，我们想先用时间熬到他签字为止。我请大炮（方永新）来，跟我一起去谈。公司怕我们谈不了，还派了一个从淘宝调过来的 HRBP（人力资源经理）陪我们一起谈。”

无论如何，这场夹杂着痛哭、谈判和大量沉默的辞退谈话很难进行下去。煎熬、尴尬的 5 个小时过去后，深圳二区的经理仍然不愿意签字。张卫华一行人铩羽而归。

“谈不下来！怎么谈得下来？没道理的，因为你自己内心过不了这一关。”不止这一个，张卫华含泪去谈的很多人都是如此煎熬。“我对他们很了解。我觉得很多人的价值观没有太大问题，在坚持客户第一、诚信这些方面做得非常不错。”

兼任阿里巴巴 B2B 公司 CEO 的陆兆禧出面，与深圳二区的经理谈话，说服了后者。这还没完，那时阿里巴巴 B2B 公司里，关于一定要开除一位大区总经理的小道消息越来越多。

按照公司此前的肃杀劲儿，扬子江内心深处对自己可能会被开除无疑有心理准备。毕竟广东大区出现了数量最多的黑名单客户，而扬子江在“狂风行动”中担任了最长时间的广东大区总经理。但扬子江还是找到张卫华求证：“老张，你跟我说，（要被开除的‘省长’）是不是我？”

张卫华当时已经知道结果了，但是他跟所有知道结果的人一样不忍告诉扬子江。“没法告诉他！怎么告诉他？”张卫华只好对他说：“可能不是吧。”

扬子江回道：“肯定是我。”

确实是他。独立调查组认为前广东大区总经理扬子江应被开除。干嘉伟表示对此无能为力。“我那时候能保一个是一个啊。但种种迹象表明，扬子江是保不住了。”

余震之降级

在黑名单事件中遭到开除的人很少，降职、降级虽然相对较轻微，波及面却极广。时任的大部分“省长”，比如刘自成、雷雁群、孙利军等均被降职或降级；超过 10 位“大政委”、副总经理、区域经理等遭受了降职或降级。一般而言，被降级的人还是主持原有的工作，薪水会下降，但不会降一级那么多。

这些中层干部的处理方案议定后，干嘉伟也把脖子伸过去道：“鉴于我在（狂风行动）里面的责任，我要求给我降级。”大概在同一时间，“狂风行动”期间带过前线团队的吕广渝也要求独立调查组给自己降级。吕广渝跟干嘉伟说：“你都这样了……”中供事业部的“大政委”郑璐据说该升为 M6 了，但也因黑名单事件遭到了降级，所以还是 M5。

最尴尬的降级案例来自邓康明。黑名单事发后，已从阿里巴巴 B2B 公司升至阿里巴巴集团 CPO（首席人力资源官）的邓康明也遭到了降级。其原因与卫哲辞职一样，众说纷纭。卫哲认为邓康明被降级是因为有人说，“政委”知道员工内外勾结的情况知情不报，“没有‘政委’知道，老邓真没责任，有‘政委’知道那是很大的问题。什么叫‘政委’？就是管这个，管价值观的。CPO 为什么要下台？老邓为什么要被降职？他是集团 CPO，已经上位了，还拉回来‘干掉’。”

笔者采访过的大部分中供系人士认为这不属实：无论是“政委”还是区域经理，都不可能对此知情不报。前广东大区“大政委”王永森说：“如果有‘政委’知道（销售内外勾结），我觉得一定会跳出来（处理），绝对不可能知道了不处理。”

大多数人认为，独立调查组不拥有处理邓康明的权限，邓康明被降级的决定应来自马云。阿里巴巴集团官方对此并未解释，只是宣布邓康明“降级另用”。

自然，创始人“逼宫”的推测也有关于邓康明版本。一些人相信，2004 年邓康明入职阿里巴巴时“和（之后的）卫哲有点类似，都是动了别人的蛋糕，很多年前的蛋糕。”风声鹤唳下，在“狂风行动”这两年间的阿里巴巴 B2B 公司担任了较长时间执行董事的邓康明受到了“被动蛋糕者”的微妙报复，使不至于被降级的处理措施变成了降级。

邓康明自己则认为，是受到了连坐制和阿里巴巴合伙人机制的影响，但他感到冤枉。“我其实跟这个事儿（黑名单事件）已经没太大关系了。但出这个事儿的时间段是我担任上市公司执行董事的时候，所以连带一票杀死，我被劝退合伙人。这件事是严肃的。合伙人体制是我自己制定的，我制定的规则我得遵守。其实这件事跟我一点关系都没有，公司‘杀’我这一刀的时候我觉得很冤枉。但没办法，犯了事情（黑名单事件），这在阿里是不被容忍的。”

最戏剧性的降级案例来自王永森。卫哲引咎辞职时，王永森已经在口碑网工作了。听闻消息的王永森感到震惊，“不知道发生了什么”。他没想到，自己也会因为在“狂风行动”期间担任了一年的广东大区“大政委”而遭受连坐和追责。他接到降级通知的前一天晚上，卫哲、邓康明、戴珊等领导刚跟王永森做完将他从 M3 升为 M4 的晋升面谈。“前一天通知我晋升，第二天通知我晋升取消。”王永森说道。在事后回顾时，王永森承认自己当年没做好业绩与价值观的平衡。

被降级、被降职的绝大多数人认为自己确实要承担管理失职的责任。

“一线的销售人员有一些可能是知道的（知黑签黑，或者有销售内外勾结），但是知道的比例只占 10%，90% 的销售人员是不知道的。”张卫华说，失职之处在于那 10% 的员工未向他们部门的领导反映，“他们可能知道那是一个骗子，但他们没有讲。”

多打了四大板 1

因为近 100 名员工或主动或被动地被拉下水并知情不报，大约 400 名基层销售员知道同事有此异样也知情不报，三位 VP（副总裁）、数十位资深总监、总监、经理等自上而下的管理层被“判”为管理失职，坚守价值观不力，导致“本公司的销售组织部分受到负面影响，更可能对本公司的价值观造成较大冲击”。于是，这些管理层在 CEO、COO 引咎辞职的前提下，被处以或开除、或降级、或降职。其严厉程度，至少在中国互联网公司史上可谓唯一。但这是否恰当呢？

李旭晖认为，既然黑名单事件是系统性问题，那么，“罪”在能控制全局的阿里巴巴 B2B 公司高层，而不在中供这支团队。那时中供系流传着一句话：Elvis（李旭晖）是用他的辞职来保住 B2B 的高管，他承担所有的责任。

“中供的这些经理是没有问题的。当然，他们下面的人出了问题，他们要负管理者的责任。我相信他们本质是好的。至少在我眼里，还是一个很好的团队，中供这个团队它在我这里一点没有打折。中供的魂还在，我相信这点。”李旭晖向笔者回忆了自己在离职前的高层会议上向众人作此言论时的心理，“该惩罚的就惩罚。我跟卫哲都已经付出了代价，我们都辞了（工作）。理论上，应该给剩下的中供团队一个比较公平的评价。犯错的毕竟是少数人，而不是整个团队。”时值风口浪尖，李旭晖这番话让在场的阿里巴巴众高管该做何回应？该做何表情？

大部分受罚的中供人觉得，黑名单客户会危害海外买家对平台的信任，也会影响团队的氛围和价值观，但谈不上会危害公司的立足之本。他们认为这最多是一个系统性的管理技术问题，绝不是因为管理层没坚守价值观而导致的价值观问题。对于独立调查组、部分高管讲述的“没遵守价值观”“我们现在缺了一环很重要的诚信”云云，受罚者只感到懵懂：我们不缺价值观，我们缺处理方法。他们觉得，即使不这样严厉地处理中供人，黑名单客户也会被有效地遏制。

说他们有管理失职之处，他们承认，但他们不能接受对整个中供的管理体系的判断。他们仍然觉得自己是简单、纯粹的团队，仍然信仰客户第一的价值观。无论是对同事的开除，还是对自己的降级或降职，他们都觉得有些小题大做。相当数量的中供系“非常不认同黑名单事件的处理手法和借此机会对整个中供体系当时的中流砥柱的一群人的处理和降级”。

简而言之，他们觉得这是一个应被打六大板的罪行，却被打了十大板。

多打了四大板，部分人认为应该算在连坐上。“替卫哲连坐”这个看法，是对部分阿里巴巴创始人逼宫马云、逼走卫哲的推测的延伸。也就是说，阿里巴巴 B2B 公司对 VP、总监及经理等的处分，有些殃及池鱼。

在降级、降职的谈心中，据说还有部分阿里巴巴集团的元老及“十八罗汉”成员质问中供系：“你们都知道卫哲只要业绩，为什么不跟他拍桌子？为什么不写鸡毛信？为什么不跟马总说？那个人赚了那么多钱。”甚至有中供人感觉，如果自己痛哭流涕、痛骂卫哲，说不定受到的处分会轻点。

“黑名单事件是在我们处理之后才爆发的，完全是扯淡，纯粹是秋后算账、株连九族。其实是（我们）承担了卫哲和‘十八罗汉’部分成员之间的矛盾的后遗症。仅此而已。”张卫华坦陈，“这个事情很难被真正印证。写了也不会被官方承认，还可能会受到质疑和挑战，因为官方掌控了话语权。”

不仅如此，还有匿名信息认为，“十八罗汉”或元老级员工中有人多年一直看着中供系这帮人很不顺眼，这次正好借着位居独立调查组的便利落井下石。该信息还说：“阿里总的来讲，派系概念没那么强，但确实还有。这里有很多潜规则。对熟悉的人就多一分信任，对不熟悉的人，在可好可坏的时候，有可能会往坏的地方想，对中供体系的人不信任、不认可。其实，Savio（关明生）在这件事情里，也是一支枪。黑名单事件的处理不是单纯地因为（没遵守）价值观，而是为了（解决）人事冲突。这是完成历史使命后的一次交接仪式。”

值得一提的是，阿里巴巴 B2B 公司的英文站的后台部门，也就是中供系里俗称的网站，据说并未受到惩处。张卫华认为这不太公平：“不掌握数据的（销售）团队遭到了严惩，而掌握数据的团队毫发无损。”后台部门的“大政委”跟销售团队开会时，先鞠躬致歉的行为更加重了张卫华的困惑：“我们觉得这件事情没那么简单。”

这种种很难求证的可能性，李旭晖说他也不知道最后确定的处罚名单、处罚措施到底如何得出。吕广渝则告诉笔者，处罚名单的确立本身即可提供一本书的素材。不过，如同卫哲离职的真相到底如何一样，笔者认为此事求证至此足矣。至此，这些已足够体现出企业日常运营的局势里，理想主义与现实主义的平衡有多微妙和复杂。即便在阿里巴巴这种在职和离职员工都公认的简单环境里，仍有不少微情绪的发力空间。

多打了四大板 2

多打的四大板，被处分的干部认为应算在这场人事地震的直接导火索——独立调查组的那份报告上。他们觉得，“本末倒置，短期逐利”“新续分开、‘狂风行动’、32% 佣金制度彻底改变了中供销售体系”“被业绩绑架，价值观中偏重激情、要性、兄弟情”“32% 销售佣金制度导致新签Top Sales变‘野狗’，销售主管以销售业绩为价值观评估的依据”“人事‘政委’体系没有发挥独立监督作用”等论断不是没道理，但是有些危言耸听。他们认为事态的性质是小范围内的管理失职，但那份报告却将事态描述为整个阿里巴巴 B2B 公司或者中供的管理体系都已失效。

比如，在中西部大区担任区域经理、并未受到处分的叶程坤认为，销售周期变短并不能完全归结于销售策略变成所谓“忽悠效果、过度承诺”等。他认为还有很多其他原因导致了销售周期的缩短，比如品牌影响力，“之前，我们出去是没有人知道的，后来阿里的影响力大起来了”。

比如，独立调查组认为“政委”体系的存在感太弱这一点，身为连坐面最广的广东大区“大政委”张卫华说，确实很多业务线转岗而来的“政委”没有受到专业培训便直接上岗，但公司极其重视“政委”工作，而且“政委”发挥了一定作用。

张卫华认为，自己在 2010 年年中从广东大区副总经理的位置上被转岗为广东大区的“大政委”这一点，便体现了阿里巴巴 B2B 公司对于“政委”工作的重视。他说：“我作为副总经理的那些区域，一年大概能做 10 亿元的业绩，而且基本上都突破了历史纪录。也就是说，（我作为）一个非常重要的业绩能手，转去做 HR 工作，（这）代表了公司在这件事情上是极其重视的……我做‘大政委’后，（广东）13 个区域有 6 个没有‘小政委’。我在一个月内填充了 6 个区域的‘小政委’，充分说明了公司给予的支持和配合。”

对于独立调查组的结论，张卫华认为多少有点武断和结论先行。“他们在广东的调研都是我安排的，他们给了我一个涉案名单。我安排时间，安排几十人进去出来、进去出来。我觉得很多观点是在调研之前就形成了，在印证的时候又都是跟涉黑的人员沟通，当然就找到很多事实证据。整个广东大区有 1300 人，他们有没有跟 1200 人沟通呢？并没有。”干嘉伟也认为，中供体系没有调查报告所说的那么夸张，调查报告所言可谓“墙倒众人推，破鼓万人捶”。

李旭晖则告诉笔者：“包括扬子江在内的‘省长’们都是一路从基层上来，对阿里有不可磨灭的贡献，我非常尊重这帮人，并且坚信他们的价值观，很开心能与他们一同打拼，至今没有改变过！”

完全“认罪”的卫哲在最后一次阿里巴巴 B2B 公司董事会上看过这份报告的每一页，对于其用词是不是过于夸张，卫哲的回答是：“挺多（结论），我相信，他们是在找很多问题的根源。他们把这个总结出来，这其实不是针对我的罪状。”

多打的四大板，可谓敲山震虎。黑名单事件的恶劣程度，比起那时未被社会关注但中供系人十分清楚的淘宝小二的腐败，要轻微不少。干嘉伟说：“淘宝的腐败，从小二到中高层都有。（中供）确实有一些销售跟骗子勾结，但查来查去，没有任何一个经理级别的人参与了腐败。就是说你（经理）下面出问题了，你的管理确实出问题了，但你自己是没问题的。这跟管理人员自己贪腐还是不一样的。”王永森觉得，PPT 里的危言耸听是敲给阿里巴巴集团的警钟，“不只是敲给 B2B”。

但先被处理的是作为突发事件（马云语）出现的中供。无论有没有受到处分，笔者采访的大部分中供系都认为，黑名单事件的处理方案之所以如此剧烈，包含了对当时的淘宝内部腐败警告的意味。

卫哲也有此意。他在辞职时的公开信里，并没把自己辞职的震动范围局限于阿里巴巴 B2B 公司：“我的辞职对公司内外一定震动很大，但我相信这样的震动甚至阵痛是必要的、健康的。没有这样的震动，不足以重新唤醒我们的使命感和价值观，没有这样的阵痛，不足以表明我们为客户第一愿意付出的代价……正是基于对客户第一的使命感和阿里人为了组织的健康的责任感，我才提出辞职申请。”

这几年间，在数次接受笔者采访时，卫哲明确表达了在黑名单事件中采取严厉措施的广泛意义：“你去看，我是 2011 年离职的，下半年发生了什么事？ 2012 年发生了什么事？淘宝的大清查。我不冤，（体现）在哪儿？就是 B2B 的事情，我个人一点点小小的牺牲，触发了整个集团的自律。会出这样的事？总裁都会离职、辞职？

内部的不服成了压力，才会揪出后面的聚划算、淘宝小二的腐败。没有 B2B（黑名单事件）就没有淘宝后面的大清洗，这些事情在上市前处理掉，是一个巨大的收获。整个集团廉政部[①]建立起来了，原来没有廉政部。如果我只是离开，后面淘宝的问题没解决，我才叫冤。”

马云也表达过类似敲山震虎的含义。2011 年 2 月 25 日淘宝年会上，马云说：“我脑子里在想 B2B 的事儿，我在问淘宝什么时候会出这样的事情[②]，支付宝什么时候会出这样的事情……如果我们今天不从内部坚持这个东西，错误会来得非常快，而且非常猛，到时候会扛不住。”

几个月后，马云又表示：“假如 B2B 这个事情不处理，再碰到类似

---

① 2010 年，淘宝网成立了廉政部。2011 年，阿里巴巴集团成立了廉政部。

② 除了众所周知的聚划算阎利珉事件外，2014 年 6 月阿里巴巴集团还披露了一起淘宝高管受贿公告。工号为 000200、花名为关羽的王凯曾担任淘宝网人力资源总监，后升任为阿里巴巴集团人力资源部副总裁。他在 2010–2012 年任职期间，利用职务影响力收受贿赂 260 万元。阿里巴巴 B2B 公司的超级地震并未震慑住阎利珉、王凯的犯罪行为。但另一个角度看，如果没有敲山震虎，可能会出现更多个阎利珉、王凯。

的事情，有几个人会拍桌子，会把桌子掀翻？继续来过，有人会吗？不会。但是今天这个事情搞大了，这就是训练。”

余震之情绪

因为这多打的四大板，导致干嘉伟、张卫华、王永森、吕广渝、刘自成等人损失了年终奖，损失了由于降级、降职而减少的工资。在笔者的采访过程中，很少有人提到自己损失了几十万元，不是因为他们不在乎，也不是因为严惩有某种程度的形式主义，“大家很清楚降级后，在未来一段时间就恢复了”（张卫华语），而是因为其他损失更大。

他们在阿里巴巴集团曾引以为傲的价值观典范团队的身份被否定了。阿里巴巴集团官方对内对外都以独立调查组的报告为事实基准进行了宣告和惩处，其开除、降级、降职的力度和涉及范围之广是在宣告：这支以价值观纯正著称的地推铁军犯了严重的价值观错误。

一位前阿里巴巴 B2B 公司高管对笔者总结道：“至少我离开之前，感觉中供当年被认可的东西已经都被否定，（有一种）被污名化的感觉。”

笔者在前述“马云内疚”等小节里详述过业绩增速下滑、“奶牛”资格不复存在、团队士气沮丧、员工互联网意识不够等前提，而阿里巴巴集团的这个被认为基于不完整的事实得出的否定判断颇为诛心。它否定了中供或阿里巴巴 B2B 公司在阿里巴巴集团众多业务线、子公司里为数不多的存在感。在批评别人时否定对方存在的根本意义，是杀伤力最强的一种批评方式。

再考虑到他们认为自己被不公正地多打了四大板，他们自然产生了一种受欺负的感觉。他们不禁怀疑公司的处理措施、黑名单事件定性的起心动念到底如何。

与寒心交织在一起的情绪是无可奈何的委屈。王永森感到“委屈，不好讲，也能理解”。张卫华自称最大的委屈就是“公司否定了中供的精气神和价值观，感觉（中供）就是个烂摊子了，觉得中供的很多管理者没有坚守价值观才导致这样的事情（黑名单事件）”。仍在支付宝进修的王刚听说了黑名单事件，“他们说被降级了。我问发生了什么事情，他们说有人作弊。”王刚表示自己“疼在心上”。

一位中供系元老对开除、降级、离职、舆论氛围等感到很受伤。毕竟此前他们以线下销售，这个近似于搬砖的商业模式作为集团的“奶牛”哺育众多子业务多年，“突然有一天，有些人老了，搬砖搬不动了，或者说砸断了一条腿，出了点工伤，然后就被嫌弃了。你就给他几贯钱，让他滚蛋。”

更何况，敲山震虎这个动作本身就是在提醒其存在价值相对有限这个事实。干嘉伟说，有更牛的业务在前，动一下怕伤筋动骨，那就动一下中供，至少能给他们（淘宝）看一下，“那时候中供的使用价值也就这样了”。

即便因预警动作较早、黑名单客户占比较低（浙江的黑名单客户总量排第四）、被干嘉伟力保等原因而免受处罚的俞朝翎，也因“整个公司的舆论导向不对”而感觉很不舒服。俞朝翎说：“当整个 B2B 的业绩只有淘宝的几十分之一的时候，对公司来说谁更重要？能理解吗？当一个人才赚 20-30 块钱的时候，和一个人在赚 1000 块钱的时候，怎么比？所以，你在愤慨、委屈的同时也能理解。能理解，又很委屈，就是这种感觉。老大辛辛苦苦在外面，受打击的都是老大。一旦有问题，老大、老二、老三同时犯错的时候，肯定先被教训的是老大。”

无语凝噎

卫哲能理解前下属们的情绪：“中国人不是患寡，是患不均嘛。为什么他们（淘宝）没有处理呢？他们（淘宝）隔了一年才被处理，而且范围、力度比中供小很多[①]。且中供是严格执行连坐制的。”

笔者问：“为什么淘宝没有像你们一样处理？”

卫哲答：“你得问（别人），我不知道。”

笔者说：“为什么就你们这么轰动？”

卫哲说：“因为我们真的是价值观正，最根正苗红的。只有我们会采取这么激烈的举动。有些团队的价值观确实不如中供，所以他们的行动也不会那么激烈。”

阿里巴巴官方敲山震虎的动作和言语在集团内部层层传递后，形成了一个中供系人士极其不喜欢的氛围。一种目睹偶像破碎的快感夹杂着此前的嫉妒、现在的不屑等心理，出现在不少非中供系阿里人的身上。

---

① 2010 年 3 月，聚划算上线。2011 年 10 月聚划算从淘宝独立，阎利珉担任聚划算总经理。2011 年，聚划算交易额突破 100 亿元。2012 年 3 月，阎利珉因“团队管理上存在重大失职行为”而被免去了聚划算总经理职务。2013 年，杭州市西湖区人民法院宣布，阎利珉因受贿 53.8 万元，构成非国家工作人员受贿罪，被判处有期徒刑 7 年，其余 4 名前聚划算员工亦获刑。在张卫华看来，比起中供的黑名单事件，聚划算的阎利珉事件才是“非常丑陋的”。2012 年年中，阿里巴巴集团廉政部负责人蒋芳对外披露了阿里巴巴内部反腐的进展。2012 年 1–5 月，阿里巴巴集团查处了 27 名违规员工。其中，归属于淘宝的违规员工有多少，笔者并不清楚。

他们抱持着看中供“老大哥”好戏的心态，茶余饭后聊着“当年这么受宠，马云那么重视，现在……”“‘省长’任黑名单发展，中供都不管……”“你们认为自己价值观很好、很忠诚，还不是出现这样的事情”等话题。

如果说其他部门新员工较多，不了解阿里巴巴的历史，此种心态或有出处的话，让人尤感心痛和心寒的是，前几年转去淘宝、支付宝等处的前中供人也如此看待现在的他们。

笔者很难还原当时阿里巴巴内部的闲言闲语具体内容为何、出自何种语境、是何语气。因为面对受伤的人，旁观者本就难以把握评述时的恰当距离。但情感冲击已经造成，这让多年来一直沉浸在“We are family”情绪中的李旭晖、干嘉伟等人备感心酸。

“我们在中供这个团队的时候，大家在一个集团里，我们是老大哥，要照顾这些小弟小妹。今天老大哥出了问题，感觉小弟小妹好像在旁边有一点幸灾乐祸，有一点嘲笑。”前述阿里巴巴 B2B 公司离职高管说道。

在种种负面情绪的包裹之下，很多被处罚的中供系干部明显出现了情绪波动。在李旭晖辞职当天，张卫华等人去办公室探望，在门口听说李旭晖在里面“号啕大哭”。

多年后，李旭晖对大家认为他“运气不好”的观点不置可否：“有些事情你想去承担还不见得有机会。中供是我从头参与建立的团队，有这个机会去承担责任对我而言，从没有觉得什么运气好不好的问题。这个，看你从什么角度去想。”

2011 年 3 月，人心惶惶之际，阿里巴巴 B2B 公司召开全国经理会议，以稳定军心。干嘉伟看着台下六七十位区域经理，一时间无语凝噎。“我是觉得大家受委屈了。因为他们对我而言，就是我的后备军。我是老大哥，很多人都是听着我们的分享（成长）……哎，也没什么，就是说不出话来，比较动情吧。”

王永森告诉笔者，干嘉伟的情绪很正常：“每个人都流过泪，不在这个场合就在私下的场合……站在当事人的角度，站在自己的角度去讲这些东西，很难跳出来……”黑名单事发后，郑璐、张卫华等七个“大政委”聚会，席间谈及此事，群情激动，觉得不如集体离职拉倒。喝醉的郑璐嘟囔道：“千万不要走。你们一定要留下来，告诉公司、告诉集团、告诉马总，中供不是这样的，中供的‘政委’不是这样的，你们一定要坚持下来。”

“大政委”们并没有集体离职。张卫华不想以这种有损江湖名声的方式离职。这时候离职，他一则没想清楚未来做什么，二则显得意气用事。最后，张卫华回到了俞朝翎的浙江大区，担任台州的区域经理。

第五章　分手

法理情

身为记者和创业者，笔者不能体会马云和阿里巴巴集团当时的处境，以及他们采取处理措施时的心理。但以笔者的了解，马云和阿里巴巴集团处理黑名单事件时确有难处。

比如让中供人很受伤的舆论氛围，无论是官方还是民间，马云和阿里巴巴集团都很难控制。5000 人的地推铁军，有近 100 名销售员涉黑，还有大约 400 人知情不报。看比例，看绝对数字，跟同行比，这些数据并不算高。但对阿里巴巴 B2B 公司而言，对中供而言，这是此前从未有过的震撼数据。将之称为“管理层没有坚守价值观”，笔者认为并不过分。要知道，2007 年英国买家协会事件的涉事规模远小于黑名单事件，但也让主管前线销售的副总裁吕广渝受到了连坐的降级处分。

退一步来说，官方判定与民间舆论之间是否会存在一些出入？也很难。如果由集团来引导内部舆论，在那时发布中供仍是价值观典范的言语，未免尴尬。毕竟，“典范”正因黑名单客户而遭受处理。

再比如，黑名单事件的处理方案很难把握。因为对此事的定性不同，马云和阿里巴巴集团介入后的处理措施一定会比事发前卫哲主导的处理措施强硬。这时，独立调查组、卫哲、马云需要向其他人传达清晰、明确的信号。如果如李旭晖所想，他和卫哲引咎辞职已经足够，那黑名单客户最多的广东大区总经理扬子江该如何论罪？黑名单事发前，卫哲已经将其降职，照道理讲，再严厉一些就是开除，或者对扬子江、王永森降三级，其余人等不降级但扣除年终奖外再罚款？

或许有更精细的处理措施，或许没有。这正是理想主义和现实主义做平衡时的难处所在：既要做到符合阿里巴巴的价值观和长远利益，又要顾及这么多层次的员工的情绪。阿里巴巴如此庞大，力度小了，或许穿透效果不足，力度大了，员工要受委屈。难以平衡时，便有了许多其他因素介入的空间。

马云知道，他的决定并不讨喜，他知道阿里巴巴 B2B 公司民怨沸腾。

2011 年 3 月的一天下午，马云给一直觉得“要不要这么（严厉）处理”黑名单事件的俞朝翎打电话：“你觉得怎么处理更好？”

仍被黑名单事件浩大的处理懵住的俞朝翎说：“我也不知道。”俞朝翎觉得广东大区确实出了最多的黑名单客户，所以要以黑名单客户的数量来开除一位“省长”的话，那必然是扬子江。但俞朝翎认为，开除扬子江这种处理措施过于刚性，没必要。

“法、理、情，很难平衡。”俞朝翎说。自己想过是否有更好的处理方案，但是没想出来。“你没有比公司更好的处理方案，换成你，你怎么处理？其实每个人都会问自己这个问题：如果我是马总，我怎么处理？”

张卫华说黑名单事件的处理过程、传递的声音，没有完全让他们信服，这确实是一次需要跟价值观联系在一起的事件。“但我们也不知道哪里出了问题，就这么简单。不像以前，我们百分之百相信马云。我们开始有了一点点怀疑，但是我们也找不出怀疑的原因是什么。”

黑名单事件之后，马云在给前线部队开会时谈了一句话：见山是山，见山不是山，见山还是山。台下的罗炜巍没听懂，他猜马云想说的意思是：“有一些事儿，出来混，总是要还的。”短期内有了很好的业绩，但背后有了黑名单事件出来，人员的价值观被稀释，这是要还回去的。

马云的损失

卫哲离职时告诉马云：“你看这个东西（我引咎辞职）对集团有很大的贡献，但对这个（B2B）业务的伤害是很大的。”马云对此也表示心痛。马云此前还曾在 2011 年 1 月 21 日的中供部门年会上告诉众人：“B2B 不是《集结号》里面守在那里的谷子地！”

说这话时，马云早已经知道了阿里巴巴英文站上存在骗子问题，也听说“直销上面有些地区带进了骗子”，但他还不知道情况有多严重。第二天，马云看到了蒋芳的群发邮件，由此衍生出了黑名单事件。

马云曾对《时尚先生》说，是身为阿里巴巴集团 CEO 的自己在承担黑名单事件的责任。因为这打乱了马云调整阿里巴巴集团布局的节奏，比如分拆淘宝的延后，比如身兼重任的陆兆禧不得不分身兼顾阿里巴巴 B2B 公司，比如卫哲这等人才的离去。

“……卫哲的事情，不是卫哲在承担责任，承担责任的是我。大家不明白这个道理。我很希望我离开，一了百了。我去度假，我到其他国家去钓鱼、打猎。少了个卫哲，把我给折腾死了，把老陆移过来……死去活来，外面人都不明白这种痛苦的。这才是责任。难道我今天要自罚

100 万元，还是降两级？”

阿里巴巴 B2B 公司将不仅仅少了卫哲，想在商业世界里追求“We are family”的情感联系是一件吃力不讨好的事，因为打造它极耗精气，建成后它却相对脆弱。中供系与阿里巴巴集团之间的情感联系便这么断了。俞朝翎觉得断了也应该能接上，但是没人去做衔接的动作。他们变了，公司也变了。这种变化极具现实意义。

截至 2010 年，中供系内的人事变动或者是像罗建陆、陈国环、王刚等人被调去其他部门，或者是像祝孝平、邵军望等主动转岗，或者是被开除，或者没转正。换言之，很少有人主动离职。俞朝翎告诉我：“要知道，当时走一个人是很困难的。老板会来留你，但更多的是周围的平级、下属会来留你。他们舍不得你走。你知道那种自己的根就在那里的感觉吗？你是真的很难走。”

阿里巴巴成名已久，但凡做出点声响的人都接到过很多猎头的电话。猎头奉上的是三四倍于阿里巴巴的酬劳。但是他们从来没有二心。“一听猎头（电话），啪！挂掉了。因为心思就不在这个地方。要知道阿里就像大家庭一样，根本不允许任何人说阿里巴巴的坏话，也不允许有外界的人挖自己。这些都是不允许的。”俞朝翎说，自己还会向公司汇报今日接到猎头电话并挂断，“就是非常纯真”。

干嘉伟认为中供系与阿里巴巴如同贫贱之交，如同糟糠之妻。“大家一无所有的时候在一起。公司很普通，你也很平凡。慢慢地公司牛起来，你也跟着成长起来。公司发展得很好，你也得到了回报。”

在这个童话故事般的描述下，干嘉伟、俞朝翎等人多年来操心的无非是如何做好业务、带好团队。此前，干嘉伟时不时地会念想着某种永恒：“是不是就在阿里待一辈子？”但如今，中供已不是价值观典范，业绩增速放慢，阿里巴巴似乎也不是那么认可自己了。天下没有不散的筵席才是永恒。

奔向团购

情绪不高、勉力善后的干嘉伟渐生去意。2011 年 3-4 月，张卫华听干嘉伟说了一句话："一直认为我可以在这家企业里面待一辈子。"但是今天看来，待不待一辈子不是自己说了算，而是别人说了算。

去哪儿呢？或者还有必要坚守在销售管理岗位上吗？科技企业初创时自动化程度低，仍需要销售员去为客户提供至少达到及格线的服务，但随着产品、流程、服务体系等环节的改善，公司必然会降低对销售员的依赖。作为筹谋未来的体现之一，干嘉伟在 2011 年开始办理移民。

但那时知道干嘉伟想得这么远的人不多。张卫华当时听罢，只是感到寒心："我们这种毕竟还在外部待过，没有经过最纯粹的价值观的熏陶。讲得好听一点，或许还有独立思辨能力，讲得难听一点，可能你还有一些私心，或者是对价值观有不同的看法。像阿干、俞朝翎这种真的是没有任何的私心，不要说青春岁月，简直把生命都投进去了。你想，他们从初出茅庐到最后构建起了价值观、人生观，而且登到了一定的社会层级，辉煌、有钱、有社会地位。突然，一下子都没了，（黑名单事件）对他们的影响比我们这样的人会更大。"

"这些人真的是阿里的中流砥柱。所有被殃及处理的人都是做事的人，都是冲在一线的人。那帮人绝对是在阿里经受了无数战争和价值观历练的人。雷雁群、俞朝翎、干嘉伟，包括吕广渝——虽然是空降兵，为阿里也是鞠躬尽瘁——这些人，任何一个放到市面上都是叱咤风云（的人物）。对企业来说绝对是巨大的损失，我为阿里觉得可惜。”

张卫华回到台州后，奋战了 5 个月，将此前阿里巴巴生涯所积累的经验、思考施展了一番，算是为自己“五年陈”生涯画了一个句号。随即他向吴敏芝提出休假，这当然是在向公司表示自己要离职了。“虽然当初给自己定位就是在阿里待 5 年，但是 5 年到了不一定会出来，（黑名单事件）这个契机让我坚定了想法。”张卫华说，吴敏芝曾试图挽留他，并表示说要“收回阿里学院，由我来负责客户系统化培训”，未果。

于是，在三个月休假结束后，张卫华离职，创立了布道教育。他决心在阿里巴巴体外进行客户的系统化培训，成为传统企业和互联网企业管理模式之间的桥梁。

“当你知道公司不是家，只是一个公司的时候，你就有兴趣听外界的那些东西。”俞朝翎不再挂掉猎头的电话，而是抱着了解世界的心态，他转而回道：“你说说看。”

在找俞朝翎的电话中，颇多来自团购公司。团购作为一个营销平台，瞄准的是进入不了阿里巴巴和百度的本地生活服务业，比如餐饮业。他们需要大量的地面部队去拓展互联网 PC 端较少覆盖的买家和卖家，而这些卖家普遍对互联网知之甚少。

那时，地推最强的是在线下耕耘多年的大众点评网，它被干嘉伟称作正规军；至于其他公司，干嘉伟认为基本上属于扛着锄头、脚上还有泥巴的农民起义军。两者的区别在于他们的老板“有的是陈胜、吴广，有的是项羽、刘邦，口音也不一样”。显然，他们需要管理高手来带领规模日趋庞大的地推团队。彼时，“阿里人长于运营”在创投圈已达成共识，身为地推高手的老“省长”们成了抢手货。

找到干嘉伟的，是接受了阿里巴巴投资的美团网创始人王兴。王兴长于产品和商业嗅觉，但他和核心团队对于地推可谓一窍不通，这让他在团购业的混战中处于不利局面。王兴很快锁定了干嘉伟。他询问关明生后，得知干嘉伟“相当于令狐冲，就是大师兄”。于是，王兴开始了漫长的挖人之路。

“我和王兴说过，在中国互联网公司的直销管理领域，我不敢确定自己是不是第一人，但我一定是前三人。”干嘉伟告诉笔者，这番自我评价已语带保留，“我当然不是很喜欢吹的人。也许有些高手我没看见。”

除了看好本地生活服务业的未来，干嘉伟选择下一站的标准当然还是以价值观为重。与王兴等人接触后，干嘉伟认为，在回扣满天飞的团购业，美团网“最多是不懂直销，但是他们不会乱来。根子是正的，可以共事”。

当然，多年不问世事、修炼“降龙十八掌”的干嘉伟想过，直销这招在阿里巴巴之外是否行得通？结论是“坚信能 Work”。

离别

但俞朝翎这种老“省长”去意不浓。他并未受罚，也自称当年就对黑名单事件释然了，只是内心感到痛苦，而且他不太看得上团购。“做团购挺 low 的，好像没什么挑战。你想想，不就是让销售员拉一个餐厅过来，让老板上我们这个网站，还给补贴。这有什么难的。”俞朝翎告诉笔者，他觉得团购销售员的技能水平过低。外面的世界未必比得上阿里巴巴，即便这里不是一个“家”了。

2011 年 9 月前后，吕广渝离职前往窝窝团担任 COO，跟随吕广渝的还有多个中供系成员，其中包括彼时相信团购公司上市会比较快的王毅明。

新任 CEO、中供系老人陆兆禧曾回广东区域与分公司人员交流，期间被问到中供的前景在哪里、如何转型时，曾直言："你们可以转岗到其他部门。"在场的王毅明顿时觉得中供已是明日黄花，不禁去意大增。

但王毅明还没摸清楚团购底细，当感觉到窝窝团的风格与阿里巴巴大不相同时，就听吕广渝说"得走"。"如果 Michael（吕广渝）都不在这地方，我们肯定也待不长。"王毅明离开窝窝团后，休息了三个月。

吕广渝对笔者表示，他欣赏窝窝团创始人徐茂栋坚韧的枭雄气质，但严格说来自己没有去过窝窝团，才"进去大概十几天"。未离开阿里巴巴的俞朝翎等人安抚下属道："虽然不知道吕广渝什么状况，但你看，外面不好过吧。"

在此认识下，2011 年的离职高峰期内离开的大多数是 M1（主管），M2（区域经理）及以上屈指可数。不过，这已经蔚为可观。身在北京的罗炜巍明显感到了身边的离职潮，"'省长'还跟我说，不能再离职了……"

根据那时已转往聚划算的祝孝平统计，在前 100 名的团购公司中，其业务前线管理层近一半都出自阿里巴巴 B2B 或关联公司。比如张强，这位在"狂风行动"期间的月度全国销冠，在 2010 年年底以主管的身份离开阿里巴巴，加入了美团担任城市经理。

日后回看这几年，祝孝平认为 O2O 出现得恰到好处。"沙场老兵在解甲归田的时候是很痛苦的。有一段时间很迷茫，人躺在床上，看着天花板，想着下一步出路，心里很失落。如果没有团购及 O2O 的机会，

B2B 很多管理人员就少了很多发展的平台。”

但阿里巴巴集团已经无法明确感受到这一点。2011 年，阿里巴巴集团的营收已经突破 100 亿元，淘宝、天猫的成交总额（GMV）已达数千亿元，支付宝更是一统第三方支付的江湖。而 2011 年大热的分类信息、团购，既无亿元级收入，更谈不上盈利，只是 VC 进入到 B 轮阶段的新兴领域而已。在阿里巴巴看来，这个领域的棋子口碑网的用户与淘宝无异，那它继续保持弱地推、沿用更加成功的轻公司经验才合乎情理。

而且黑名单事件以降，中供铁军被看轻，阿里巴巴可能都不太愿意想象中供与口碑网在一起的画面。王永森说：“我觉得那时候公司也在想，只需要一支中供的直销铁军。阿里不需要再有第二支直销铁军。”

虑及种种，阿里巴巴的决策层不懂，也没有精力去弄懂生活服务业以及中供系在其中的价值，再正常不过。2011 年年底，阿里巴巴关停了口碑网。

诚信通渠道的反复

阿里巴巴将诚信通付费会员的资质提高了，要求必须有营业执照。这个显然草木皆兵的举措清除了很多作坊性质、靠身份证注册为会员的代理商。曹士军估计 2011 年河北区域就有 60% 的业绩因此灰飞烟灭。

黑名单事件影响到了陈国环。不过，对管理国内事业部渠道部的陈国环而言，更重要的是续签下放。“这是非常关键、非常正确的事情。从正面理解渠道，他不赢，最后你自己也不赢，反过来先要利他，再利己。”他反复改变话术、形式、角度，与管理层过了二十多遍 PPT，终于在 2011 年年初说服了卫哲等人。

在相信“拥抱变化”的阿里巴巴集团推动渠道体系的改革需要更多毅力。陈国环说起自己说服领导的变换之迅速，“（我）刚开始向卫哲汇报，中间来了邵晓峰（阿里巴巴影业集团董事局主席），又来了吴敏芝。吴敏芝出去，又回来了……唯一没有变的是我。”

陈国环认为自己说服有术。“第一，我本身是老阿里人，大家都熟。第二，我自己原来学法律，逻辑思维严谨，口才还算行。每个老板过来，我都讲一遍变革思想，不断地推销。”

值得一提的是，陈国环渐渐想明白了当初为何被管理层调来管理渠道，是因为“我系统性思维和逻辑思辨能力很强，人比较正气。渠道都是第三方，如果核心不正，渠道容易走歪。还有我适应性比较强，步兵按步兵打法，炮兵按炮兵打法，空军按空军打法，快速反应能力还可以。”先于陈国环看明白他自己的邓康明、卫哲、马云等领导，认为他“非常厉害，也是怪才”。卫哲则告诉笔者，他当初觉得只有陈国环和干嘉伟可以将诚信通的渠道带出来，“陈国环跟阿里很多人不一样，他来之前做过法官。他是个社会人，搞渠道一定（需要）是社会人。阿里很多同学对外特简单，特纯洁，不能处理社会问题，都不是社会人。”

改变从来不是一蹴而就的，也不可能一劳永逸。或者是觉得渠道商终究不是自己人，难免在价值观问题上犯错误，或者是市场规模最好的地段得留给自家团队，阿里巴巴高层曾说，广东、浙江、江苏这三个省永远不向渠道体系开放。

2011 年年初，阿里巴巴 B2B 公司副总裁、诚信通的负责人吴敏芝甚至于电销、渠道之外，在广东、浙江建立起了属于诚信通的直销团队。但以阿里巴巴的培训成本、激励成本、诚信通的低价，广东、浙江两省无法负担起高成本的直销团队，直销团队几乎每个月都在亏损。2012 年年初，诚信通的直销团队被撤销，大约 300 人被转岗至其他部门。经此一蹔，渠道体系开始进入广东和浙江发展代理商。

“直销和电销都是自己的军队，但是直销团队彻底被打趴了。人一定要跳出局，再来看局，才能看得明白。否则，陷入里面，就看不明白。”陈国环因此设计了一门叫《局》的课程用来培训团队。“军队会赢得战争，还是老百姓赢得战争？军队很厉害，最后肯定打不过老百姓。我们知道抗日战争的胜利不是靠铁军打下来的，真正是靠抗日民族统一战线才把日本人赶出去的。拿抗日战争做比较，你就知道为什么渠道为王。历史就是这样，历史不可违背。”

俞朝翎善后

人心浮动，公司显得乱糟糟。罗炜巍说，在“省长”提出“不能再出现离职”的半年后，又要求劝退部分员工，“说现在（机构）太臃肿了。2011 年，（中供）整体很乱”。

而接管中供的吴敏芝虽是“老人”，但已离开中供去往诚信通有七八年之久，于是，阿里巴巴将俞朝翎任命为国际事业部的“大政委”，因为他“已经是中供最老、最有威信的一个人。我在，大家都不会走，就是这么回事”。

被公司放过一马的俞朝翎内心对公司有愧，他以“戴罪立功”的心态认为自己“必须拼命干”。那时的当务之急是安抚情绪。俞朝翎与“省长”、“副省长”们频繁交流。有时不需要说太多话，他“只是问一下，最近你的感受是什么样”。

俞朝翎与他们喝酒，听他们发牢骚，看他们宣泄情绪。若提到黑名单时他们便情绪激动，那意味着“政委”的思想工作没做好。若他们积极、正向地反馈问题，那说明大家至少在行动上已经过了这道坎。大约半年后，各级“政委”的反馈显示，关于黑名单事件的抱怨声少了。

黑名单事件的正主亦有进展。3 月，杭州警方赶到莆田、龙岩、厦门等地抓获了 36 名黑名单事件的犯罪嫌疑人①。根据杭州市公安局刑侦支队余伟民的介绍，原来这些导致阿里巴巴 B2B 公司人事震荡的黑名单客户操纵者是一些具备网络、贸易和英语知识的年轻人，其中多数为福建人。他们从买卖平台账号到提供虚假身份证、通讯账户，直到实行欺诈、提赃款、转移等，已经形成了组织和专业分工。

至于买家端，阿里巴巴 B2B 公司则进一步抬高了准入门槛。针对此前黑名单客户的常见行为，公司更改了追求客户数的销售激励机制，于 2011 年 10 月推出了销售员上门确认的实地认证服务，并禁止任何服务期内的合同转让，禁签新的离岸公司、个体工商……还声称于 2009 年启动的公平交易基金已累计补偿相关买家的金额超过了 190 万美元。

受这些强调供应商质量的政策影响，2011 年的中供会员数大幅下降至 99005 名，同比减少了 18%。卫哲此前计划于 2011 年 1 月 1 日推出的提价版出口通，也延迟到了 2011 年第四季度才推出。尽管增值服务收入占中供的收入比重继续稳步提升至约 30%，但大局如此，中供的营收增速从前两年的 30% 左右下跌到了 15.9%，约为 37.5 亿元。

---

① 这些犯罪嫌疑人并非此前被开除的近百名阿里中供销售员。前者涉嫌犯罪，后者只是违反了公司规定。

各方面都按照计划走回正轨，只是人力资源流失成了无法停止的现象。中供，作为阿里巴巴集团的奠基业务部门，终于像市面上的公司一样开始了正常的人员流动。

在诸多影响下，中供铁军的员工数从最高峰约 5000 人下降到了 2011 年年底的 3480 人。部分受此影响，阿里巴巴 B2B 公司的员工也从高峰期的 13674 人下降到了 12878 人，离开的人员中包括干嘉伟。王兴"六顾茅庐"后，2011 年 11 月，干嘉伟正式入职美团网。

每走一个老同事，俞朝翎心里都会空落落的，"又一个"。但他理解干嘉伟。"不惊讶，很正常，那种情感断掉了嘛……阿干是有口气在的。大师兄也不得志，他要证明自己给阿里那帮人看，不像我们，其实无所谓。当然，他受的委屈要比我多，所以他有资格（去证明自己）。"

第二部分

新局——海阔天空

中供系擅长管理和带团队的名声大概在 2010 年已蜚声创投圈。于是，在团购兴起后，那些擅于做营销和产品但管理能力一般的创始人纷纷前往中供系挖人。本就情绪不佳的中供系开始成规模地离开了阿里巴巴。在团购业担当销售 VP 或 COO 的他们大展身手，并为中供系博得了更大的名声。

随着移动互联网的普及，年轻一代的中供系迎来了创业的机会。他们不同于 PC 互联网时代只是离职创立个没法儿规模化的小生意，这一次，他们进入了一个更为“高大上”的世界。他们现在是在大公司证明过自己的“潜力股”，于是，他们走上了不断向 VC 融资的互联网公司创业之路。但创业是一条更为艰难的路，对自我的挑战更大。

第六章　橘生淮北 1

诊断美团

离开阿里巴巴前，干嘉伟已经知道美团不懂地推，来到美团之后他才知道，原来因为不懂能导致如此低级的管理。比如，一个员工向干嘉伟举报某城市经理在办公室里吸毒。干嘉伟“听傻了”，他立马开除了这位经理。

2011 年 11 月 16 日报到后，干嘉伟开始做摸底访谈，以诊断美团。与各部门、各级别的管理层和员工聊天后，他发现美团最明显的问题是管理脱节。美团已扩张至 70 多个城市，拥有约千人的地推团队，但他们是在一个错误的组织架构上运转。

一个销售 VP（副总裁）下辖两个大区经理，这算正常。但两个大区经理却管理着 70 多个城市，没有明确地按照某个逻辑进行进一步细化管理。他们显然管不过来了。因此，美团在大区经理和城市经理中间设置了一个位置用以缓冲，它不是惯常的区域经理，而是称为渠道经理。它看似管理岗位，但并未明确城市经理应向渠道经理汇报，前者认为后者貌似领导；渠道经理的确承担着上传下达的工作内容，但也接受城市经理对于自己的指令置若罔闻。美团那时有六七个定义模糊的渠道经理。

在干嘉伟看来，这种“上传下达都出问题”的奇特结构显然是因为“不知道怎么搭”所致。他认为：“组织架构比培训重要，培训比管理重要。组织架构有大问题，就谈不上什么管理，肯定一塌糊涂。”他第一步就是把美团的管理架构改为大区制，把全国分成 8 个大区，其中竞争激烈的 4 个大区由大区经理直管当地大城市，另外 4 个大区则下设区域经理分管。

结构定了，谁填补那些位置？太多空降高管任职后，看着旧人大为不屑和无奈，于是带着自己的子弟兵上阵，结果多为乱七八糟。也有人在干嘉伟去美团前建议他带几个亲兵：“你一个人过去，那边有一千人，他们会理你？会听你的？”干嘉伟回道：“如果我靠谱，不管是一千人还是一万人，他们肯定能认可我。如果我不靠谱，我就算带了一百人过去，那边已经有一千人，也只是十分之一，照样被别人灭了。”干嘉伟认为，那些相信带着子弟兵才能成事的人段位不够高。

带着旧部是干嘉伟竭力避免的一点。夏飞侨是干嘉伟治粤时期的老部下，其离职前曾询问他的去处，尽管干嘉伟已经决定前往美团，但咬死不认：“我并没有去美团，还没定。你别管我，自己选，看中哪家就去哪家。你要想去美团，我可以介绍你去面试。”

个中缘由，是因为干嘉伟不想在美团有任何拉帮结派的嫌疑。如果夏飞侨加入美团的决定并非完全出于他自己，比如被干嘉伟劝来，那么，夏飞侨在美团的职业生涯成功与否，干嘉伟无疑都得承担部分责任。

“万一他不适应，我还得照顾照顾他。一碗水端不平，我怎么管？”虽然干嘉伟知道自己正在用人之际，而且夏飞侨不错，但必须做这个“不容易的”决定。干嘉伟说自己没挖、也没带任何一个在职阿里人去美团。

美团的面试结束后，夏飞侨改去了窝窝团。后因某突发事件，夏飞侨又阴差阳错地来了美团。没多久，王毅明被干嘉伟招来了美团。而从城市经理成为 8 个大区经理之一的张强也早于干嘉伟入职美团。如此这般，尽管不带旧部，但部分前阿里人仍然陆陆续续地向美团集合。

正态分布

“非常佩服阿干的一点是，他从来不动阿里在职的人，他从来没有拿起电话到处联系（招人）。这是他非常职业化的地方。”王毅明觉得自己不算是被干嘉伟带来的人，“当时我没有工作，等于无业青年嘛。阿干觉得我一个人在外面飘荡不太好，觉得我还能替美团干点活儿，就让我考虑一下。”当然，窝窝团、拉手等竞争对手仍旧表示：阿里系上位，原美团老人将遭清洗。

干嘉伟不带旧部，是因为他相信任何一个组织都存在正态分布：有明星，也有很糟糕的，大部分在中间。正态分布即便在平均水平较低的情况下也有莫大的意义，因为它首先是事实，其次知道“我们不全是垃圾”会给团队信心。何况是在美团这样一个“基因 OK、大多数人能力或经验有问题，但态度比较端正、人比较简单”的公司。依据干嘉伟的经验，态度端正的人比能力强的人有更高的概率成长为明星。他想起了当年的自己，曾被李琪视为“垃圾”，经历多轮扎实的成长后，才臻至借假修真的程度。

干嘉伟拿着人力资源和大区经理的意见考察全国区域，寻找态度端正、有潜力的合适人选。干嘉伟认为好的管理行为是先甄别出组织中的“271”。果不其然，美团既有吸毒的城市经理，也有把邯郸、镇江做成明星区域的城市经理。

镇江的 GDP 在江苏省内排名倒数，其时的城市经理殷志华带领一批应届生员工不仅占据了当地 90% 的市场份额，还将交易额做到了美团全国约第 11 位。殷志华没听说过干嘉伟的名头，最多是“不明觉厉”。2012 年 1 月 1 日，干嘉伟因其“做人做事的品性和操守、学习能力、发展潜力”，破格提升殷志华为华东大区经理。

11 月 18 日在赵家楼举行的城市经理会议上，干嘉伟对经理们表示观感，“众星云集耀美团”。干嘉伟认为，他的同事们来管理美团也会持态度第一的观点：“至于说先肯定、不否定，这个我觉得可能是有差异的……城市经理们没想到，我第一次见面就是先肯定大家。”

很快，干嘉伟发现，来的城市经理属于干得还不错的三四十人，他觉得这不对，“就像几个孩子，有出息的就把他们叫回来，没出息的就让他们去（自生自灭）。”

12 月中旬，干嘉伟召集剩余的城市经理去邯郸“开天眼”。邯郸是一个连顶级商场都没有的三线城市，但它竟然拥有数百万的交易额——日后这一数字被刷新到了数亿元。城市经理们被安排在一辆大巴车上，绕着邯郸市转了一圈，他们被邯郸城市经理告知，路边 ××× 小门面一个月做了十数万。干嘉伟感受得到大家内心的波动：这么破的地方，就是个大农村，还能做得那么好，没道理。后进者服气又不甘心，在会场自然用心听取邯郸经验。干嘉伟把此举称为“先讲 why，再讲 how”。

重塑系统，上岸

架构和人力既定，接下来就是战术目标。鉴于团购公司被各种资金链断裂、老板跑路、IPO 失败等负面新闻环绕，干嘉伟与王兴商量，美团的当务之急是证明团购这个商业模式具有可持续的商业价值。于是，2012 年美团的主题为“上岸”，即保持盈亏平衡。干嘉伟在年会上将其描述为上岸挣钱。

一个商业模式成立与否，至少需要证明其是否具有获取现金流或规模级用户的能力，在未被证明前就扩张是一个愚蠢的举动。何况在管理、部署、资源倾斜等方面基本呈自然状态的前提下，镇江、邯郸这样的城市能冒出头，说明团购这种新业态在二三线城市完全可行。

王兴等人此前的“试验”让“搬过砖”的干嘉伟相信，靠既有的城市足以让美团上岸。“把这个经验总结出来，加以 copy（复制），我再把管理抓得更好一点，好的城市会更多。这个决策不难。我更了解中国，更了解基层人们的想法。”

与干嘉伟在广东时期的工作内容类似，他的工作重心即是培养人。不同的是，干嘉伟针对美团的状况做了颇多调整。

干嘉伟并未采取金银铜考核制度。阿里巴巴之所以能用全国一刀切的制度，是因为中供属于标准化产品。一个年营收 10 亿元的客户，与一个年营收 100 万的客户对阿里巴巴而言，并无太大差别。所以阿里巴巴可以用单目标——营业额——系统涵盖激励、提成方式。

团购业激励方式的大逻辑一致，无非是提成来源从营业额改为成交总额（GMV）和毛利率，多劳多得，但实现的细则大为不同。早期的团购产品属于半标准化的营销方案，地推人员需要在折扣幅度与套餐内容上，设计出一个消费者、团购公司、商家都可以接受的结果。就美团而言，横向上牵涉到与竞争对手在每个城市的竞争状况、市场潜力、开发度、所属的饮食文化圈等不同情况，纵向上则体现为上述种种均处于动态调整中。

干嘉伟将2012年销售团队的策略定为增加供给，其口号是“狂拜访、狂上单”。在美团管理层把爆款性质的每天一单改为每天多团、一单多天后，干嘉伟把激励制度和拜访量、上单量挂钩。业务量上升后，干嘉伟又多次调低提成比例以控制成本。操控复杂的系统对干嘉伟而言并非难事：“制度设计其实不难。你只要知道要什么，你就奖励什么。很多人觉得难，是因为他不懂他要什么。”在干嘉伟看来，能判断激励体系效果的标准即是团队在成长、在进步。

到 2015 年，不仅每个城市的地推人员的提成数会有略微不同，甚至同一个城市内签下的不同商家、签约所耗的资源都会涉及或正或负的系数。殷志华告诉笔者，多亏“阿干对这个（系统）的理解深刻，否则，做这些事情没那么容易”。

美团的新进销售员将参加三四天的脱产学习培训——而在 2011 年大约为半天。培训地点不是在北京，据王毅明透露，新人培训地点以区域为单位集中。美团的价值观被定为“消费者第一、商家第二、美团第三”。其逻辑遵循了团购的资金流，干嘉伟将其描述为把前两个“利他了，美团的利益才能被保障”。

与阿里巴巴早期一样，美团的管理层大多也属低位高用。他们面对超过自己直接管理半径的团队时显得手忙脚乱。干嘉伟告诉他们，很多时候只需关注团队中最好的和最差的这两批人。

美团的管理层经常被干嘉伟询问团队中的“271”名单。如果管理层答得上来，干嘉伟会继续提问：“你对 2 和 1，都做了什么针对性的辅导？”干嘉伟希望得知，“2”何时能成为接班人？还应花多少精力？“1”得到了哪些其急需的帮助？

接下来的问题是，那个被判定为“1”的员工是否在第一时间就知道自己属于即将被淘汰的位置。“如果他自己不知道的话，这就是很大的管理漏洞。只有他知道，并且知道为什么，他才有动力和方法去改善，否则他该怎么办呢？某一天主管（直接）说请他走，他就会恨公司、恨上级。这给公司造成了很多问题，也对他不公平。他连改善自己的机会都没有，你不是害他吗？”干嘉伟对笔者说。

当然，最糟糕的是管理层回答不上来第一个问题。在干嘉伟看来，这种管理人员基本不合格：“想了半天没想出来，觉得都差不多……连你下属谁最好、谁不好都不知道，说明你压根儿就是个糊涂蛋。管理也肯定大大失效。管理就是告诉下属什么是对的，什么是不对的，然后让大家去做对的，不要去做不对的。你肯定没有明确的价值导向，所以说不出谁好、谁不好。那你（在管理层中）就是那个‘1’。”

至于广为人知的阿里巴巴“政委”体系，美团则是2013年年底才在区域经理、城市经理级别建立起来。之所以选择这个时间点，除了觅得好“政委”不易之外，也与美团管理层的成熟度相关。从2013年起，美团已是团购业龙头。值得一提的是，阿里巴巴建设“政委”体系的时间也是在自己奠定行业龙头地位之后。

“建”系统与“见”系统

模仿阿里巴巴建设“政委”体系者众多，但少有成者，部分原因即是他们不知道何时何地去建立体系。“政委”或HRBP（人力资源经理）的本质是前线大将的合作伙伴，在很大程度上属于被运用的一个角色。

那么，如何用好“政委”，在很大程度上取决于大将的水平。即使“政委”达到成熟水平，也不乏其沦落为“军长秘书”或者与“军长”互相猜忌的案例。

习惯于生搬硬套的管理者一旦失败，便认为这套方法论只适用于特定的环境，甚至觉得外在环境不如旧地，从而导致管理失败。所谓橘生淮南则为橘，橘生淮北则为枳。在干嘉伟看来，这种常见于空降高管身上的情况应归咎于空降兵本身的段位不够。因为大道相通，只有没建设过系统、只见过系统的人才会觉得一套方法论只适用于一家公司。

建设过系统的人有更高的概率掌握管理的核心原理。他会知道一个公司的核心命脉经历过怎样的演变，他会知道公司发展的节奏，他知其然也知其所以然。这种人可以判断得出前东家的精髓之所在，他去往“淮北”时自然就知道应该改造那里的土壤、水文等环境，也就不存在水土不服的问题。在干嘉伟眼里，这是一个理解和把握人性，通过好的制度设计因势利导的过程：“应根据每个企业的业务和发展阶段，理出针对性的解决方案，而不是简单地模仿。”

只见过系统的人去到一个新天地时，有更高的概率会生搬硬扛“一株橘子树”随行，因为知其然不知其所以然，甚至连为什么要建设某项制度都不清楚。他们在某些大牌公司身居高位，也是很多人眼里的大牛。但干嘉伟认为，他们可能只具备依葫芦画瓢的能力，“如果换了一个地方，要画的不是瓢而是一个杯子，他就不知道怎么画了……比如培训，不懂的人就会说阿里培训一个月，那美团也得一个月；但如果考虑到美团不像阿里那么挣钱，最少也得 15 天……这些东西就是‘见’系统和‘建’系统的差别。”

今天学阿里巴巴的公司基本上都学走样了，就是因为它们形式上都有，但内容上都无。比如绝大多数直销公司，或者公司的销售部门都不太敢在老员工犯禁的时候对其动手。也就是说，一般公司日常宣扬的规章制度、口号文化，都只是挂在墙上而已，而阿里中供是直接动手，从不手软。“现在很多公司天天说（自己是）铁军。敢动刀子（维护价值观）才是铁军，见血才叫铁军。”吕广渝认为，“只会签单不算铁军。跑得勤，那是农夫模式，还得能总结成方法论并传承下去，这也是王刚、陈国环不一样的地方。”

只见过系统从而生搬硬套的人是大多数，具有建系统能力的人则较为鲜见。即便在中供系，干嘉伟估计，能建系统的人“应该不超过五个……肯定不超过十个”。

干嘉伟就是能建系统的人之一。“哪怕让我到国外去管，虽然有语言障碍、文化障碍，上手会慢一点，但是我一样能管好，相信不会出大问题。因为人是一样的，世界上的人性是一样的。”

经过微调的中供血脉与美团的产品策略在2012年完美地结合在了一起。2012年11月，美团首次实现了月度盈利。同年底，美团在团购市场的份额跃居第一。王兴离开了生死线。

干嘉伟认为，在美团这些年并未觉得痛苦或吃不消，但也没到得心应手的境界。“我还是投入了很多时间和精力，还是蛮努力的……大错误没什么，小错误肯定还是犯了，但你问我印象深刻的，脑袋里也没跳出来……也可能是我反思不够。”少顷，干嘉伟想起来一个，“‘政委’培训我没上，因为他们的人不是很多，进来的也都是有经验的。不过，在这方面我确实得花点时间。”

王兴当年向干嘉伟求教窝窝团何解时，后者曾表示窝窝团不足为惧。“如果我来的话，两家公司第一年可能旗鼓相当，有可能窝窝跑得略微快一点。但从第二年开始，肯定是美团越跑越快。”

干嘉伟当时所思，即是日后所为。“为什么我说第二年开始美团会越跑越快？就是因为我知道我做事情跟别人是不一样的。我是围绕人的培养来做的，借假修真。我做的是更有积累的事情，而且我在广东实践过这些经验，别人可能是借假修假。”干嘉伟告诉笔者，差不多从 2013 年开始，美团员工的综合水平已跃升至行业第一。“我讲的很多都是道。我当时跟王兴这样讲。他听了，估计也是半懂不懂。”

2013 年年中，上岸的美团开始扩张，其竞争对手已经换成了坚信一线城市的大众点评网和即将被百度收购的糯米。

张强崛起

在外界看来，能体现干嘉伟在美团围绕人的培养、借假修真的最佳案例，应该是 2011 年年初，因看好团购而误打误撞进入美团的张强了。与员工上万的阿里巴巴 B2B 公司相比，上千人的美团对于 1982 年出生的张强来说，却意味着更广阔的天地。

这是一个有极强吃苦意识的人。2006 年被刘自成招入阿里巴巴后，张强在嘉兴做销售并不顺利。他到第三个月才签了第一单，差点被淘汰。没业绩就没收入，虽然中供系的底薪已经到了 1500 元，但是除去买电脑、包摩托车（张强只付得起这个费用）、饭钱、房租等，张强身无分文。

张强只能向朋友借钱度日。那一阵儿他整天叫一位同事“哥哥”：“叫得特别亲，每天跟着他。不为什么，就为了他能请我吃饭。因为我当时身上真的没钱。”在阿里巴巴，张强感受到了同事之间同甘共苦、乐于分享的温暖氛围。当他成长起来后，也乐于向新人分享:“我觉得挺有意思。阿里这个大家庭还是挺温暖的。”

幸好张强极其勤奋。他说自己的销售经验基本上就是“勤奋”两个字。“我也没有比别人更聪明的想法。我当时每天 7 点钟出发，变换交通工具去海宁（嘉兴下辖的县级市），别人还没出门。晚上八九点回来，我还没吃饭。”张强不怕“磨破鞋底露出袜子”，去工厂里找老板，凭着即便被豢养的鹅啄屁股也不退缩的勤奋劲儿积攒下了大把客户，靠“真诚感动一个人又一个人，然后客户转介绍（业务）”。

驱动吃苦和勤奋的是要性，我们可以称为要做就做到最好的激情。张强就是这么一个人。他日复一日、年复一年地谈客户，激情高涨到号称“激情小王子”，还被阿里巴巴的价值观宣传片《六脉神剑》选为“激情”的代表得以出镜。

这样一位吃过苦中苦、证明过自己能力的激情主管，很快在当时的团购市场上大杀四方。他并不是运用自己在中供的销售经验，而是保持了他在中供的两个状态：自信和吃苦。他在美团学习怎么制定销售策略、协调资源、拿到结果；帮助麾下的销售员梳理工作流程，跟他们分享自己的经验。

那时的张强也是以人为核心。他要求自己的南四大区不盯着业绩，只盯着人。“业绩、数据都能够在这个人的长短板上有所体现。只要把这个人的长短板找好，我们就会发展得很快。”张强亲自面试每一个 BD（业务拓展人员），在规则和框架内努力培养每一位下属。

带着上千位员工的张强自己慢慢地变成了一个舞台，培养了南四大区颇为浓厚的感情。“我们一提起大区，大家都会觉得，我是这个大区的，我很自豪。我们经常去拍一些搞笑、温暖的视频和照片，做了很多工作让大家能够在这里获得温暖和成长。我们每次开会都有人哭，讲很多事情。大家彼此的关系都很好。在很多地方找不到这种感觉，我觉得还是挺自豪的。让别人不断地成长，我觉得这是特别有乐趣的事情。”

在干嘉伟的影响和培育下，张强得到了“很多管理上的方法之道。阿干带给我很多理论化的体系，我觉得阿干是我管理（能力）的一个基石。”但他并未止步于此。他想得深远，他认可美团的存在价值，认为“很多人就是因为美团吃到了更便宜、更好的东西”。这件事儿挺好。

本着做好美团这件事儿的目的，张强养成了一个习惯，就是每天写日报，最后汇总成周报。这个写给自己看的日报、周报以总结工作经验和心得为主要内容，而且他及时给自己反馈——周三看周一所写，如果不好再修改。

这是一个逐渐理解企业的价值，并在此感召下自己和自己较劲的过程。据笔者所见，这种职场上的深入浅出案例不算多见，但极其有用。自己的长板是什么？短板是什么？否定自己，再不断更新自己。张强陆陆续续写了十几万字，也越想越远。

比如身为销售出身的管理者，张强觉得自己的产品能力、商业逻辑以及对一些人事物的观感，“有很大的狭隘性”。张强试图站在 CEO 的视角来看待自己的工作。他觉得一个公司除了战略和战术，在执行过程中，“管理起了很大的作用，是导致好公司和坏公司区别很大的东西”。

比如，站在公司的角度来理解，想要加快销售的工作进展，张强觉得与其期待招聘到好员工，不如试着用流水线的思路分解销售动作以提高效率。“比如，一帮人打电话筛选，一帮人谈判，一帮人估价。你把一次销售过程分给三个人去做，让一个人做单一的事，他会很专业，很容易就做到八九十分。这样不断把他的工作拆开，整个体系的运转就会很快。”

张强觉得只想着销售也没用，很多销售颇为盲目，只见树木不见森林。“这是一个体系。销售只是一个环节。如果你销售做得特别快，后面跟不上，其实没用。前面跑得快，轰轰烈烈，后面的人都在给你擦屁股，做不下去的。体系快了，才能（各个环节）全快。销售应该看到一年后事情大概什么样子，再开始做这件事。”

他就这么每天“上一个层次看问题，下一个层次做事情”。很快，张强出现了大概肉眼可见的成长。他掌管的大区也形成了正循环，继而出现了令人惊叹的产出。“我在美团大部分负责南方的中小型城市，基本上是当年整个美团的业绩核心。高峰期我们大区的业绩占到了全国的 45%。你拿美团和大众点评比较，基本上也是中小型城市做得比较好。”张强自忖，“我真正在管理上成长，应该是在美团，打了一个很好的基础。”

如此一来，张强吸引了外界的关注。2013 年年底，去哪儿网创始人庄辰超与张强聊了两次，用自己的激情等因素感染了曾号称“激情小王子”的张强。干嘉伟告诉张强，从公司的角度不希望他走，但从个人成长的角度，这是一个不错的机会。张强最终离开了美团，加入去哪儿网，担任副总裁和目的地事业部 CEO。

“江南土财主”

2013 年，干嘉伟与多年不见的吴志祥一起吃了顿饭。那时，吴志祥带着同事来北京找声名鹊起的干嘉伟叙旧。吴志祥跟笔者回忆那时的心态，认为不是志在取经，“就是聊聊，老领导嘛，聊聊。”

席间，同程 CEO 吴志祥讲起了自己的创业故事。自《赢在中国》之后，吴志祥便在外界的鼓动下从 B2B 转向了 B2C，他获得了凯风创投的 1500 万元投资，还专门挖来马和平担任 CTO（首席技术官）来完成这次转型中的技术跨越[①]。

建一个网站不难，获取供应商——酒店——也不难，难的是流量，该如何获取 C 端用户？

在 2008 年下半年，旅游行业与互联网的结合仍非常初级，携程大约 90% 的订单是靠电话完成。旅游业江山已定，携程的联合创始人梁建章 2007 年赴美游学，并最终进入了斯坦福大学研究人口问题。如此环境给了吴志祥一个时间窗口去探索。吴志祥慢慢发现，写字楼发卡、展会发卡等措施都没用。

但是，吴志祥发现PC互联网有流量，在百度做SEO（搜索引擎优化）是有效的。吴志祥说：“一下子发现这个方法是行的，投一元钱可以回来 3 元钱的佣金，（转化率）很高。”那时中国 PC 互联网的人口红利还远未见顶，每年还有大量的新用户涌入；百度的推广仍然具有性价比——那正是 SEO 成为热门的年代。

一如中供系风格，吴志祥认准方向后便执行到极致。2008 年年底前后，吴志祥宣布同程将全力以赴进入互联网。术业有专攻，仅市场部，

---

① 吴志祥并未直接转向 B2C。他想充分利用既有 B2B 业务的优势，想出了一个类似 B2B2C 的模式，即同程采购酒店、机票，再卖给 B2B 业务的两三家旅行社。这样同程不用进入 C 端，但执行拓客任务的旅行社正在被上网预订的新消费习惯替代，所以，吴志祥的此次尝试以失败告终。

同程就建立了 8 个，而且全公司的所有员工都需要学习 SEO。随着对 SEO 的深入理解，吴志祥最后做到了“每天只要看到流量就可以知道今天能挣多少钱”。至少在旅游行业，同程成了最懂 SEO 的公司。

这些投入，与同程 + 互联网预订的轻运营模式——相比起携程上万人的呼叫中心而言——结合在一起确实见效。2009 年，同程的营收接近 4000 万元，其新投入的机票业务也站稳了脚跟。2010 年，同程的营收超过 1 亿元。2009 年年初吴志祥进入了被携程、艺龙忽略的景点门票业务，这是一个日后将成为同程招牌的领域。2012 年，同程的营收近 5 亿元，净利润超过 4000 万元。

同程在业务线上连战连捷，财务数据长势喜人。于是，凯风创投表示：“你们太牛，你们可以上市了。”对那时的吴志祥等人而言，上市意味着自己将达到人生的高点：“公司挣钱不就为了上市嘛。哇，那些人（大佬）都敲钟了！敲过钟的人，感觉就是取经到了西天。我们马上就要到西天了。我们这些人创业就是为了敲钟，为了敲钟可以干任何事情，为了敲钟也可以不干任何事情。”

因为券商表示，出让股份比例若超过 5% 将带来极其繁琐的程序，进而影响上市时间，那时将“券商讲的话都当圣旨”的吴志祥，告诉在 3Q 大战之后心态较为开放、开始大肆投资的腾讯，要投资同程，股份只能不超过 5%。

但腾讯希望多投一点钱。吴志祥表示：“不可以，我们是个有梦想的公司，我们要上市。你如果阻挠我敲钟，我就不要你的钱。”腾讯告诉吴志祥，敲钟这个动作没什么意义。吴志祥回道：“胡扯。我们就是要去上市，就是要去敲钟。”

为了让净利润更高，同程要求上至 CEO 吴志祥本人，下至基层员工“严格地把控每年、每季度、每月的利润”。他们的工资自然很低，低到吴志祥也承认是同业中最低的一家。但是他们相信，现在的低工资，将在同程上市后转变为高额的股票回报。吴志祥说：“你少拿了一元钱，上市多给你分一百元，你开不开心？少拿一万元，上市给你分一百万元，你开不开心？开心嘛，对吧。”

为了上市，吴志祥压根儿不考虑移动互联网这个已经铺天盖地的新形态。他告诉笔者当时的想法：“谁要想在移动上投入，我就问一个问题，做移动能给我们挣多少钱？其实做移动是挣不到什么钱的。我控制得非常紧。”于是，2012 年 9 月同程成立了无线事业部，但只有几名员工。

那几年，吴志祥内心盘算颇多的是这么一笔账：每个月只要有 ××× 的利润就可以上市，同程至少是市值 30 亿元的公司，我也很快就是身价上亿的老板。

顺理成章，他跟核心团队谈论颇多的是这么一番话：“兄弟们跟着我创业，你也会有钱。虽然不多，但你会有，可能也就 300 万元左右。挺好！我们随便外面风吹雨打，那都是骗人的故事。我们踏踏实实地把钱挣了，未来带着兄弟们一起分钱。”

在吴志祥与干嘉伟一起在北京吃饭时，同程的上市事宜正在紧锣密鼓地推进当中。听罢吴志祥的创业故事，干嘉伟首先表示：“挺牛！到底是我带过的人。”吴志祥心想：“我是楼文胜的人，哪是你的人！”

随后，干嘉伟说：“那你现在是江南土财主了。”这句话则让完成了从销售员到创始人、从 B2B 到 B2C 等大转变的吴志祥很不舒服：“我们已经很牛了，我们是一个一年可以挣 3000 万元的公司，你竟然跟我说我是江南土财主？！”

吴志祥这些年并非没有见过先烧钱做大用户规模再图赢利的互联网公司。但他对此的评价一如他在《赢在中国》上所说：“一方面佩服他们。另一方面想，他们这个东西啥玩意儿。”这么多年，也有朋友建议吴志祥采取互联网公司的烧钱模式，但吴志祥认为营收、利润双双增长的同程模式才是“超牛的模式。我们觉得一般互联网公司 low，没觉得我们 low。你说我哪一点不如他们？要干 B2C，我也干出来了，没必要烧钱。”

前些时候，笔者跟干嘉伟提起吴志祥 2013 年的心理活动，干嘉伟不禁哈哈大笑。他表示，自己确实曾请吴志祥等同程的管理团队在北京吃饭：“（江南土财主）这个语言风格很像我，但我确实忘了。”

生态系统

与干嘉伟一样，俞朝翎也因黑名单事件情绪受挫。与干嘉伟的离职不一样的是，俞朝翎是欲辞不能。2012 年的体检报告显示，俞朝翎有 7 项健康指标不容乐观，再加上黑名单事件后阿里巴巴的舆论导向仍然让其感到不适，于是，在完成安抚人心的工作后，俞朝翎向阿里巴巴提出了辞职。

阿里巴巴官方以“人力不继”为由对俞朝翎予以拒绝。那时的阿里巴巴 B2B 公司正在经历一次力度为“根本性完善”（马云语）的大变。用马云的话说：“B2B 注重营销，非常了不起，注重运营，也很了不起。这么点流量能够运营出几十亿元的收入，假设再给你们一点流量，你们会孕育出什么东西？但是，正因为这方面（营销）做得不错，另外的方面就做得很糟糕，B2B 缺产品，B2B 缺乏 engineering（工匠精神），B2B

缺乏互联网的思想、互联网的技术……我们必须把 B2B 变成一家真正的互联网公司。”

从业务层面来讲，那时的阿里巴巴集团内除了淘宝和支付宝在互相配合之外，B2B、雅虎、阿里云等业务均相互游离。马云所言的“根本性完善[①]”并不是阿里巴巴 B2B 公司继续单独转型，而是将 B2B 与其他子业务打通，融合成统一的平台。如此一来，阿里巴巴集团将继续完善“由消费者带动的 B，由 B 再带动服务提供商”的内部结构。马云将此前大力发展淘宝的理由解释为“只有消费者起来了，我们的 B2B 才会起来”。阿里巴巴集团在 2012 年还提出了“one company，one goal（同一公司，同一目标）”的口号。

但上市公司的身份并不适合搞这么大的动作。于是，在 2012 年 2 月，马云宣布阿里巴巴集团将私有化阿里巴巴 B2B 公司。私有化 B2B，只是马云调整阿里巴巴集团的一个动作，其 2012 年开始的为期几年的组合拳名为“修生养性”。马云对此的解释是：“修建生态系统，养出我们的性格。”

这是阿里巴巴史上重要的一年。它意味着马云此前几年对阿里巴巴边界、定义的思索有了一个阶段性的明确答案。

以前的阿里巴巴更多强调组织、管理和文化，曾认为自己是个平台型企业，还在 2009 年公开宣称自己要打造新商业文明，但这些概念或者无法容纳阿里巴巴的内涵，或者模糊不清。现在，马云认为阿里巴巴将是一个包括业务系统、管理系统、组织文化系统三个维度的生态系统。

---

① 这与卫哲给阿里巴巴 B2B 公司此前设计的转型路线图最大的不同就在于前者的升级路线相对独立。

阿里巴巴不做"You join me，or I kill you"的帝国，那是工业时代的零和规则；阿里巴巴要做包括开放、分享、协同、共赢等特征的生态系统。至于阿里生态与外部世界的关系，马云认为："我们是在整个社会的大生态系统中的一个商业生态系统的维护者、建设者和发展者。"①

以此来审视阿里巴巴集团的诸多业务，马云认为："我们自己公司内部还没有建立起来（生态系统）……"所以马云反思完多事之秋的 2011 年后，决定先减少进大量新人对价值观的稀释。也就是他说的 2012 年"把人头摁住，先从里面清晰起来……我们需要建立一套强大的管理信息系统，管理信息决策系统来支撑整个阿里巴巴。"

不仅如此，马云还认为要运营好阿里巴巴这个生态系统，已经接近五十岁的他比起阿里巴巴的年轻人而言并无优势。大概在 2011 年年底，马云开始考虑将阿里巴巴集团 CEO 的角色交给年轻人担任。

当然，马云认为无论自身内涵是窄还是宽，最重要的事物是不变的。在成就生态系统时，最重要的还是"理想主义。坚持自己的理想，从第一天起，阿里巴巴成立的时候……这家公司与众不同之处在于它是一家有理想的公司"。

作为"one company，one goal"的注脚，阿里巴巴集团要求所有员工都给自己起一个花名。于是，中供内流行了十余年的口语化简称时期——比如阿干、俞头、David——结束了，人人都去苦思冥想了一个高大威猛、正面阳光的花名。冯全林给自己找的花名便是明代开国猛将、被封为孝义永安王的"常茂"，因为"他比较符合我的人生追求，开疆

① 基于这个定位，马云在 2010 年的阿里巴巴集团内部战略会议上宣布阿里巴巴将进入物流行业。

拓土、能征善战。对组织忠孝，对部属仁义，不但自己强，更追求团队强，这些都是我要追求的。”

俞朝翎挂帅

未来阿里巴巴究竟应当去向何处？用马云的话来说：“像我们这样规模的集团公司，从一个观点的提出到正式落地，到后来变成现实，基本上得花三年到五年。所以生态系统是最后形成的一个结果，它可能不是我们马上追求的目标。”

就当下业务举措而言，根据时为阿里巴巴 B2B 业务最高负责人吴敏芝对媒体的表述，中供首先将从真实性和专业性的角度继续提升平台上信息流的匹配价值。其次，中供将“深度地介入到服务里面……（尽量）把出口企业的交易流程线上化……（进而）帮助中小企业建立起自己的诚信体系，通过数据积累出中国卖家的信用体系，同时也能看出买家信用体系……”

吴敏芝认为，此举能帮助中国的出口企业在面临东南亚国家企业的价格竞争时，建立起本质为服务壁垒的竞争优势。“（客户）会看付款方式能不能满足我、沟通方式能不能让我舒服、品质的保障能不能让我放心。”

这一年，出口通完成了涨价[①]，供应商的质量也继续被严格控制。比

① 原定于 2011 年 1 月 1 日推出的定价为 2.98 万元的 2011 版中国 Gold Supplier，直到当年第四季度才推出。

如，阿里巴巴拒绝签约注册资金在50万元及以下的客户；比如，阿里巴巴不允许销售员在签约客户前对客户的拜访少于3次，否则属于快速签单。实地认证供应商自然也得加快推进，截至2012年3月31日，已有超过30%的中供会员通过了实地认证。

阿里巴巴对“苦主”莆田系的戒心愈加强烈。那时或之后，它拉黑了具有包括莆田户籍、身份证、在莆田出生或成长、长期在莆田从事经营等特征在内的所有自然人。也就是说，与莆田有较为深厚关系的人就忘了阿里巴巴的外贸平台吧。

既然策略是求质不求量，那么，中供的客户数就会继续下降。截至2012年3月31日，中供（中国Gold Supplier）数量已经降到了87544家。

与出口通涨价差不多同一时间，中供开始陆续推行新续合并，俞朝翎认为原因是“管杀不管埋”。新续分开时，大家担心新签降低客户标准，出现了新签团队只顾签新并“甩锅”给续签团队的局面，阿里巴巴B2B公司不能再忍了。在张卫华眼里，新续分开后的中供铁军经历了一个续签员工赚不到钱、公司提高提成点数的阶段；过了些日子又发现，不少区域内已无新客户可签，又进入了新签员工赚不到钱、售后很赚钱的阶段。张卫华觉得是公司为求平衡，才又把新续合在一起。

卫哲并不否认新签团队的“甩锅”、新签和续签团队的收入不均衡等现象。但他认为，这是执行层面的问题，可以解决，而降价、新续分开扩大客户基础，以保证增值服务的转化率这个战略方向并无差池。卫哲说：“战略问题和执行问题永远是两件事。外贸类企业有限，捞完了，新续必须合在一起。没有新客户了，新续干吗要分开？肯定要合回来。比如一个业务员刚刚开始开拓业务，那急什么，（如果新续分开）跑两年再说呗，跑到市场容量80%左右就行了。”

卖增值服务并不需要那么多铁军，何况付费会员数一直在下降。那多出来的人该怎么办？如果说此前几年，马云因阿里巴巴 B2B 员工的出路问题感到内疚而后续动作不大的话，这一次马云可谓大动干戈。2011 年年底，马云否决了阿里巴巴集团 2012 年 8700 人的招聘计划。马云希望阿里巴巴集团的其他子公司“可以从 B2B 请很多的人……我们要给这些人安排一条他们自己能往前走的出路。我建议其他公司的 HR 需要人的时候，首先考虑从 B2B 轮岗。”

马云希望阿里巴巴 B2B 员工们能得到更多的机会去思考互联网的思想和技术。“否则各（阿里子）公司总觉得外面的人比我们的好，我总觉得我们的人比外面的好。你们没看到我们出去的人到外面都当官吗？……我们打开了全集团的门，集团所有的公司，（B2B 员工）你愿意去，都可以去。当然，人家要不要你是另外一回事。”

几经讨论，最终确定阿里巴巴集团 2012 年的招聘名额为 200 人。但凡阿里巴巴集团内有需要地推的新业务启动，中供便分拆出一支地推铁军前往支援。村淘启动后，包括孙利军、冯全林等人在内的约 200 名中供铁军转岗至村淘，成为村淘铁军的骨干力量。“广东有很多人就转到一达通去了。”俞朝翎说，日后阿里巴巴重启口碑网时，“中供也过去了很多人。”

在分流、B2B 退市的背景下，B2B 员工自然也感到郁闷和纠结。此时，阿里巴巴 B2B 业务不仅没能让俞朝翎辞职，还让他接替了此前干嘉伟的工作，总管一线销售团队。虑及种种，俞朝翎并未因升职感到多少快乐。顺便一提，他仍是资深总监，级别仍然是 M5。“B2B 还是那句话，死脑筋。B2B 的员工从来都是公司最难升职的。”

第七章 橘生淮北 2

渠道爆发

大概同一时间，陈国环终于把自己炼成了直销、渠道兼修的高手。诚信通的渠道终于出现了规模级的起色。

售价 1688 元和 2800 元的诚信通，终究难以满足渠道体系的发展速度。于是，2012 年年初，点击推广被包装为网销宝推出。这个按效果付费的关键词排名服务由于性价比高，代理商的利润开始稳定地上扬。

2012 年年底，因自己已从信息平台转型为交易平台，并确立了更严格的认证体系等新举措，阿里巴巴宣布将从 2013 年起把 1688.com 上的各类服务统一为 3688 元的诚信通会员。陈国环认为这是公司看到渠道的威力后的顺应之举，“代理商说价格越高越好赚钱”。显然，这离卫哲当初的计划渐行渐远了。

真正让代理商赚到大钱的是 2012 年他们自行推出的一款产品，所谓服务包。这是代理商自行面对“公司如何壮大、如何可持续发展”这个主题后给出的答案。其中包括帮客户拍照、写关键词等几十项叠加于诚信通之上的增值服务内容，售价可高至 10000 元。其中阿里巴巴只收取 5% 的管理费，剩下均为代理商所有。这部分实现了卫哲当初对 1688.

com 依靠渠道体系卖服务的设想，但也让卫哲感到可惜，“只是没有总部系统性地去开发”。

服务包同样处于阿里巴巴的监管之下。直销的经验并未让陈国环全盘放弃。他仍把成功的代理商树为榜样，通过分享、政策奖励让其获得满足和被认可感。反之，陈国环无限放大负面案例中的阴影，比如违规者公司被关，以警告代理商做事得有原则和分寸。在总预算不变的情况下，陈国环说自己利用人仰望成功、恐惧失败这两个心理特质激励代理商，“有点人性和理论的结合，为什么渠道管理非常难，就难在这里”。

此时，贪腐的可能性仍被严密防范。阿里巴巴此时的招聘堪称千里挑一，新人进入公司还处于严密的制度监控下。阿里巴巴会将自己的价值观及规定明确告诉代理商，“政委”还会不定期致电后者抽查是否有业务人员违规。祝孝平说，他们觉得公司多此一举，“我们怎么可能（违规）？”同时，他们也怕代理商给自己送东西，“别啊！你会害死我的。”

在安全的环境中，服务包得到了陈国环的力推。经过 2012 年的互相学习、全国复制后，服务包的营业额迅速上升。陈国环将诚信通产品的返点数从最高时的 65% 降到了 38%——国内事业部凭空多出了 27% 的利润。其微妙之处在于，如果没有服务包就降低返点，代理商会崩盘；但没有诚信通，这些服务包也不可能存在。

“皮之不存，毛将焉附。诚信通是皮，服务包是毛。衍生产品做好，诚信通的口碑也会上去。一方面，代理商收益增大了；另一方面，客户黏度增强，续签率增高。毛越来越多，皮也越来越厚。（这是）双赢！”陈国环感慨管理思维从控制向失控转变后，渠道商在意识上发生的改变。“如果让别人来管他的公司，不可能把公司激发到最大程度。他控制他的公司，当然铆着劲去奔跑，他想赚最多的钱，想让公司发展最快。奔跑吧兄弟，（他会）穷尽所有资源和能力来做这家公司。”

经过多年的反复，从 2012 年下半年起，国内事业部终于让代理商进入了稳定的上升轨道。2013 年，渠道体系内出现了年营收过亿的代理商，其团队规模也跃升至数百人。曹士军颇为得意：“这几年全力以赴的代理商，都挣到钱了。”

阿里巴巴整个渠道体系的营业额则攀升至 2014 年的约 40 亿元，其中归属于阿里巴巴的收入约为 20 亿元。陈国环的团队则从 20 余人扩充至逾 50 人（其中 40 余人在前线），他们管理着渠道体系内总共超过 1 万人的代理商团队。值得一提的是，国内事业部起家的电销因此已被边缘化，目前其年营收仅占部门的约 15%，新签团队也从 800 人缩减至 200 人。

经此一役，陈国环觉得自己得到了升华。“在直销，我的单项能力成长了，我从一个普通士兵变成了一个顶级先锋官的角色。在渠道，我从一个先锋官向一个将军转变。”陈国环认为自己的能力已经与典型的中供人大不相同，“渠道这么几年下来，我养成了独立观察和思辨的能力，整个能力体系、思想、行为发生了翻天覆地的变化。关键是没人辅导，自我蜕变完全是自悟。我从一个垂直体系的综合体，转换成了更加复杂的综合体，从控制到学会失控，不是像中供铁军一样只会单向度地垂直思考、执行。”

不过，陈国环仍旧认为自己还没到“将军”的层次。

王刚离职

那时的陈国环还不知道，自己要升为“将军”，不是在阿里巴巴

B2B 公司，而是在分类信息行业。这是一个与团购同属本地生活服务业的细分行业，它在 2010 年进入以收入为中心的规模级爆发阶段。千团大战正热闹时，分类信息正在打广告大战。

这是一场由赶集网在 2011 年挑起的营销战。此战耗资不菲，但公司疲弱的销售团队并未接住线上 / 线下的流量并将之转化为收入，进而导致赶集网失血严重。分类信息这个行业天然适合中供系，其商业模式就是从阿里巴巴 B2B 公司的中供、诚信通改造而来。大体而言，是同一个商业模式在生产 / 贸易型和服务型企业的分别落地，只不过前者事实上是众多垂直本地生活服务业的信息层面的集合，其复杂度远高于阿里巴巴 B2B 公司所属的外贸行业而已。

赶集网的历任销售负责人都很努力，但他们要么派头十足，要么理想主义色彩过于浓厚，均不善于凝结销售团队。赶集网的销售线如同 2003 年前后的阿里中供：销售员有业务感觉，单项能力还可以；管理者需要证明自己，但体系化建设不完备，或者从缺，或者从简，内部处于比较原始的状态。赶集网创始人杨浩涌急需一个中供系“大神”来拯救赶集网。

杨浩涌曾找过王刚。王刚在阿里巴巴的职业生涯后期过得不痛快。首要是因为钱，阿里巴巴大约每四年会创造一次股票的流动性，让员工部分套现，享受劳动果实。只要有买家，员工可以选择把股票或期权卖给他人。这一次轮到了 2011 年，王刚得知整个阿里巴巴集团的估值不过才 100 亿美元时，动心了，他“疯狂买”。

日后，俞朝翎对王刚此举表示钦佩：“他把所有的人民币积累起来，他省下来的每一分钱，都（用来）回购股票。这个就是投资，永远是钱生钱。像他这种头脑，出来做任何事情都可以。”

相较于 2007 年阿里巴巴 B2B 公司上市时的几百万元身价，这才是王刚的第一桶金。但王刚与公司对于员工如此买卖股票的定义和立场不同，因而发生龃龉。“钱相关的，全是漩涡。最大的利益旁边一般会有一个大漩涡，就跟‘生’旁边有‘死’一样。”王刚对笔者感慨道，他因此产生离职的想法。

恰逢王刚主管的商务事业部在支付宝的组织架构调整中被合并，其旧部也尽遭弃用。在王刚看来，这不是“我们原来的体制，这是帮派主义。一家公司只有一个老板，其他都是功臣或臣子。臣子的命运，老板说了算，不是你说了算”。王刚觉得委屈，于是提出离职。

马云对王刚说：“阿里巴巴这么大，多做 30 亿元、少做 30 亿元不是问题，你老老实实把人给我培养好。员工教育你来管，员工来运营客户，客户不差那 30 亿元。”在 2011 年 7 月，王刚接受了这个更高的责任，去了集团管“组织发展”。

但集团的“组织发展”到底是个没意思的虚职。王刚不想上班，经常去公司附近的寺庙闲逛，以至于其领导在尚为雏形的社交产品“来往”上说：“王刚同学请来上班。”阿里巴巴集团秘书长邵晓峰问王刚：“公司里还有没有你想去的地方？”王刚说：“没有了。”显然，王刚要走了。

王刚向笔者回忆当时所想：“我是在一家公司再混三年当一个 M8（资深副总裁），还是在八家公司当执行董事？”邵晓峰回道：“马云知道这个消息很伤心。”王刚则表示，若不是马云，他早就熬不下去了。当初要走，被马云劝下，王刚解读为缓兵之计。2012 年 3–4 月，王刚与马云互发五百字短信告别：“就这样结束了。反正留也不对，不留也不对。那种感觉是两个人分手的感觉。”

王刚试图干一件大事。与其做一个销售公司，最终成为一家集团公司，不如多赌几个方向更好。但王刚不想站在船头当船长，去承担那么巨大的责任，所以，投资他人是完成这件大事的更好形式："大家各奔东西，每个人都去飞，爱飞多高飞多高。"

杨浩涌挖人

赶集网创始人杨浩涌告诉王刚："你的优势是做管理，投资不是你的强项。"王刚说："你等不到（我做管理）这一天。"但王刚还是去赶集网讲了一次课，给杨浩涌留下了"好的、坏的都说得挺尖刻""皮肤挺白、不算太帅、个子不高""讲得挺好，他的课件我琢磨来、琢磨去"的印象。

杨浩涌又找了扬子江，同样被拒。2012-2013 年，赶集网的销售线进入了摸索期。他们曾改为纯电销，但它不适合搬家、家政、维修、装修等需要"刷脸"建立信任的生活服务业。但若建立起庞大的地推团队，3 万元就算大单的 ARPU（每用户平均收入）值（低于竞争对手 58 同城）支付不起高成本，遑论从杨浩涌处要资源。

待杨浩涌找到陈国环时，赶集网已经有好转的趋势，但规模与增速仍远逊于 58 同城。历经与多位销售负责人的磨合，杨浩涌很快得出陈国环真乃高手的结论，"对国环来说，营销没有任何悬念和挑战"。如果说王兴希望干嘉伟在近似于一张白纸上作画的话，那么，杨浩涌希望陈国环能在已画了八九年的画布上修图。

一如干嘉伟眼中的王兴，陈国环也觉得杨浩涌简单、真诚。陈国环对于本地生活服务业也很感兴趣。他推动阿里巴巴的代理商发展作为诚信通衍生产品的服务包时，即发现可叠加的衍生服务多具有生活属性。

外卖上门是个市场，买卖二手物品是个市场，餐饮也是个市场……

陈国环觉得老百姓身边的服务是下一波浪潮。“从电商领域下沉到生活领域，就像从金字塔的中间直接到金字塔的下层，塔基越来越宽，市场越来越大。”他并未注意到属于生活服务业信息层面的赶集网、58同城。他与当时供职于淘宝技术研发部、后为淘宝生活服务事业部资深总监试图联手建立一个本地生活类的网站，但因未得到足够的关注便不了了之。

对生活服务业感兴趣是一回事，离开阿里巴巴加入赶集网则是另外一回事了。阿里巴巴集团正在筹谋IPO，而陈国环有价值不菲的未行权的期权；陈国环的小孩刚刚出生，并不适合举家迁到北京；陈国环在阿里巴巴从一位士兵成长为将军，已有十余年的情感积淀。但陈国环被杨浩涌的三顾茅庐、多番请教触动，特别被杨浩涌的投资人——今日资本徐新冒雨专程赶赴杭州的真情力邀所打动。在“侠义精神”作用下，陈国环于2014年年初担任了赶集网COO一职。

杨浩涌曾向王刚咨询过陈国环的情况。王刚告诉杨浩涌，陈国环的深谋远虑、方法论自不待言，但他是“一个管理成本很贵的人，因为他有很强的人格特质，他可以骂人（训人）骂得狗血淋头”。俞朝翎也告诉笔者，他印象里的陈国环“管理风格挺狠的，说一不二”。

关于陈国环的说话直接，有不少故事在中供流传。据说，一次马云给诸“省长”致电：“喂，我是马云。”陈国环平时一般向卫哲汇报工作，对于手机里马云的声音并不熟悉，觉得马云也没有给自己致电的必要，于是回道：“你是马云，我还是北方小马云！”马云愣住了。当马云跟陈国环讲，晋升他为“省长”，要和他进行一个半小时的CEO单独谈话时，后者才意识到“真是马总”。

但杨浩涌见到的已经是“改良版”的陈国环。后者带渠道期间，胃部得了一次大病，这让他较为喜欢吃面条，也让他不太敢生气——会导致胀气。病愈后，陈国环依然高标准、严要求，但是脾气已经“好太多了”。换言之，一个管理成本没那么高的陈国环带着直销、渠道体系的多年总结去了赶集网。

开天眼

陈国环先到赶集网，随后而来的是已从中西部大区“省长”转到中供后台负责运营的王正洪、离开诚信通渠道部门后在聚划算和淘点点周转过的祝孝平等人。他们通过与员工、客户聊天的方式了解赶集网的具体细节，同时从心气、管理架构、制度上开始加以调整。他们的主要动作可以概括为灌输信心、让赶集网从防御转向进攻，目标当然是做分类信息行业的第一名。

闫会宁曾在赶集网管理过直销团队和 KA（大客户）团队，在她的印象里，陈国环到赶集网的第一件事就是打开销售团队管理层的“天眼”：什么是打过大仗、硬仗的运筹帷幄？什么是一览众山小的成竹在胸？此前赶集网是自上而下、层层分解销售任务，团队因此在乎任务完成率，以完成任务为荣。当企业追求稳定增长时，这是一个适合的状态；但在应该追求爆发式增长的阶段，团队以完成任务为荣无异于自我设限。

赶集网销售团队元老曾士凡回忆自己早前的心理时，如此描述：“以往是以完成任务为自己的目标，我觉得完成任务是自己的使命。最多就是看到同伴比我完成得多，想着我怎么都要超过他，但即便是这样，超出的也非常有限。”

现在陈国环告诉闫会宁，以后从下往上报业绩目标，“我们不做封顶。弱化（完成率）这个东西。”闫会宁开始觉得这么做肯定不靠谱，但后来发现，汇总的数字竟然远高于既定目标。改变源于比较产生的竞争心理，闫会宁分析道：“你报这么多，我不能比你少，你行，我更行！”至于赶集网此前认为的淡旺季之分，在陈国环眼里并不存在。

陈国环来了之后，会做一些跨越性的引导。一如阿里巴巴 B2B 公司当年，赶集网各区之间也面临着 PK。曾士凡说：“老陈会给我们一个超高的目标，比如当时他提出，看看哪个区的业务线先吃掉 1000 万大项目……我们一开始很讶异，觉得这是一个不可能完成的目标，当时我的任务也就四五百万元，做得已经十分辛苦。但即便觉得不可能，每个人心里会埋下一个 1000 万元目标的种子，会想着向那个方向奔，会想着往这个期待努力。类似于这样的东西改变了我的思路，激发人去挑战更高的目标，突破人的限制，喊着喊着，自己就相信了这个目标。”

曾做了陈国环半年助理的曾士凡认为，陈国环一以贯之的一件事就是打开人的格局。“老陈有一句经典的话：‘我从来不在乎今天，我看的是明天和后天。今天是昨天造成的，未来是你眼睛看到哪里，你可能就会跳到哪里。’他会用更高更远的东西激励你，让你做一些你从来没做过的事，做到之后会有强烈的成就感。销售团队能走多远、做多大格局的事情，其实跟思路有关系。他的口头禅是‘你的格局怎么样？’我发现阿里人的特色是大格局和强执行。和当时负责渠道的 VP（副总裁）老祝（祝孝平）一起开会时，我发现渠道业务的开展也和格局有关。比如对代理商的中长期布局，当时他们提到，渠道管理不仅仅是培训代理商，让他们为我们做业绩，而是在全国范围内找到高潜力、强实力的供应商和我们共同发展，甚至是让一些代理商入股，成为我们的一分子。给代理商的激励机制也是高打高举、强有效的激励。总监级层面一定要有格局，你的格局有多大，团队才能发展多大。”

在日积月累的鼓动下，闫会宁也打破了自己的认知天花板。“每天睡觉之前都会自省，主管、经理，他们今天过得充实吗？团队和个人有没有升值和成长？今天的业务难题，明天怎么推动和解决？这一年跟老陈直接、间接地学到很多、思考很多，利他式的拷问，自己开始从小我走向大我，以前我没有此类的思考方式和空间。”

兵分两路

横向看，赶集网的直销和渠道分别有不同的动作。

扩军备战中，赶集网的直销团队从 900 人向 2000 人逼近。由于正与 58 同城交战，赶集网并未设置脱产培训。为了带动这么多员工，除了早启动、晚分享和周启动、月启动以及周确认、月汇报等常规的体系化动作外，王正洪的重点之一即为训练新主管。

王正洪将系统的培训以主管论坛讨论案例的形式下放到了大区，频次依据业务强度和新人的多寡而定。他更强调主管在日常工作中的总结：“日报、周报、月报，他（主管）必须去做。做得不好，打回去重做，或者罚款 500（元）、1000（元），我不允许虚（报）。一个概念出来，后面要匹配数据和事例，光是概念谁都会说。每天日报、每周周报，真的用心思考，用心去总结、展望。总结分两大部分，一个是团队，一个是业务。谈自己的感受可以务虚一点，现在的情况和未来的构想要做实在一点。”

这个几乎强调“三省吾身”的工作习惯，王正洪希望主管能意识到，这是做给自己而非做给老板看的。王正洪说，自己便是多年如一日地每周写周报。“这么多年我没有节假日，都是工作。如长假七天，我会花四天时间准备下个月的工作安排。周报里有基于团队管理的，基于人的，基于事的，基于套路策略的，从来不落。定期总结、定期梳理，养成这习惯，自我就成长了。”

腰部管理者可以培养，而总监就不是战争中能迅速培养的了。素来认为“文化的最佳体现即是榜样”的王正洪为了尽快塑造榜样，还去老同事里寻找了一番。2014 年下半年，陈国环、王正洪去广州区域找已从阿里巴巴离职、正在家里养病的夏小虎，对他说：“你不能再玩了，刚好赶集网广州分公司缺人。”夏小虎回道：“那就试一下吧。”

夏小虎认为，赶集网的客户无法沿用自己惯有客户互相培训的套路，于是，他将重点改为做好赶集网的团队工作。“做好产品的包装，做好促销政策，激励好团队。只有这几个事情都做好，业绩才能上去。我去的时候，他们人均人效大概一万多一点，两个月的时间，我就干到了差不多三万，（这对我）没难度。”

不过，王正洪说他不会因此有失公允。曾有中供人加入赶集网担任大区总经理，但态度倨傲，没有融入既有的团队。王正洪把他降为副总经理，找了一个赶集网老人担任总经理。“不了解现状，不去欣赏人家，人家怎么能认你？为什么我过来没问题？我从来没说我是阿里的牛人。我嘴里很少有第一人称，都是‘我们’‘咱们’……我知错就改。大家都看在眼里，觉得老王做事情公平，不然人家就会说原来是拉山头来了。”

祝孝平于2014年5月上任后，为赶集网渠道体系的定位是重塑信心。他要将所有人对赶集网渠道的信心提升至“我们肯定能击败竞争对手”的层次。通过代理商大会和代理商二十强的小会，祝孝平带着渠道的核心管理层在全国奔走，向代理商传递渠道的策略。他还请自己的朋友给代理商做分享，树立渠道对赶集网业务的信心。

“其实大家沟通得多了，就知道公司到底该怎么走，这些都是坚定代理商信心的动作。”一直待在诚信通渠道部门前线的曹士军也转到了赶集网负责渠道的后台运营，“发挥代理商的作用，最核心的就是让代理商和厂家的目标一致。赶集网的政策要保持稳定，别变过来、变过去，而且要尽量让代理商的利益最大化。”

祝孝平和曹士军随即调整了赶集网渠道部门此前“前线重后台轻、前线强后台弱”的局面。产品端、提单、客户资质等问题，仍可通过赶集网的后台解决，但政策本身、促销等问题不可再推到后台，必须由渠道经理处理。赶集网的渠道经理数从约20人扩充至70人左右。

按照过去的ARPU（每用户平均收入）值很难完成新的业绩目标，赶集网的ARPU值不高很大程度上是因为不懂、转而求稳的状态：不挣太多，也不投入太多。在人数和订单量提升空间相对有限的情况下，不如让每个客户贡献更多的销售额。于是，陈国环重新搭配了赶集网的商业产品内涵，以类似于烟灰缸50元再加果盘便卖120元的大礼包形式涨价。

赶集网的竞价排名也得到了调整。公司此前收费是以客户获得的电话为准，即按效果付费（Pay Per Click，简称PPC）。换言之，当客户购买了某关键词的位置但并未接到电话时，赶集网不收钱，且需要用大量人力处理无效电话申诉工作。对赶集网来说，该位置一天的流量就算零收益，人力成本也较高。在赶集网流量相对集中的前提下，其有效转化率较高，客户会觉得赶集网的流量靠谱。但在曾士凡看来，这无疑是一种浪费，而且电话付费的位置流量占赶集网竞价排名的 60%。

而且，赶集网过去的竞价排名堪称小刀割肉。公司觉得中小企业付费能力有限，最好是大家都有生意以烘托赶集网，所以，其售卖给客户的刷新、置顶等排名有时间限制。闫会宁记得，过去的搬家客户续费两万元就是历史最好的续费水平了。

现在赶集网更改规则了，开始按天付费，而且将竞价产品调整为市场化规则。闫会宁觉得，现在公司鼓励客户"抢同行的量，使劲去买刷新、置顶，巴不得自己一天有 18 个小时都排在第一。其实我们跟百度规则很像，完全市场化，谁有本事谁上"。

产品涨价了，促销是一个促进客户购买欲望的手段。此前赶集网的定价非常稳定，对客户而言，买 5800 元、6800 元的会员套餐最多也就给一袋大米、价值 100 元左右的赠品，而且极少出现。曾士凡觉得阿里系进入后，赶集网的营销思路高举高打，改为买得多返得也多，比如最高购买 10 万元的产品，可以奖励一个苹果手机等。这大大拉动了新客户充值的单价，加强了老客户复购，而且"（利润）比例可能更好。ARPU（每用户平均收入）值变得更高了，员工收入提高了，而办公室、水电费这些固定成本是不变的。"

战斗形态

打足心气，调整架构，包装产品，让销售员兴奋起来就剩下最后一点：获得更多钱。由于销售额的落后，加上杨浩涌此前对营销的理解不够，赶集网的销售员在公司的地位理所当然就不高。销售员在产品、技术人员面前抬不起头，在陈国环看来，销售员被看作是“三等公民”。

可想而知，销售员能获得的物质激励也很低。陈国环将中供的“金银铜制度”改成了层次更多的“白带黑带制”，以适应产品线更复杂的赶集网。赶集网营销体系员工的底薪被分成了 5 个级别，但金银铜制度的精髓仍在：本月金额达到一定标准后，该销售员下个月的提成点数会得到提高。与赶集网销售员此前的收入相比，新制度设立的成长层次更平滑，要求员工的优秀表现持续时间更长。曾士凡觉得，设立阶梯这件事大家都明白，但是，陈国环等人“更精于整个运营数据的分析，槛设在 25000（元）还是 50000（元），这些东西更微妙”。

赶集网过去的期权激励就像所有互联网公司一样普通：在公司超过两年的核心骨干员工或一年以上的管理者将得到期权。但获得赶集网期权的销售员数量稀少，平时的现金奖励更是屈指可数。

陈国环把赶集网的期权计划调整为战斗形态。现在要获得期权无须依靠年限了，若在一定时间内完成一定的业绩，销售员即可获得期权。能拿到的期权的人数被控制在约 20%，这是一个所有人都有机会冲刺的比例。

他们拿到的期权数不算多，某种程度上堪称荣誉性质——陈国环记得最低档为 300 股。实际发放的范围也未必比以前大，但曾士凡觉得，增加了“全员有机会做赶集网股东”的可能性，而且期权激励被包装得极具仪式感。对销售员而言，赶集网将期权激励政策说得极为清晰：半年完成 100 万元，将得到 ××× 期权……“什么阶段、达到什么程度可以拿到奖励，解读得非常清楚。”曾士凡说。

这些甚至被写成条幅挂在办公室里。“每天都让你看到这些东西，感染你，这是环境方面的影响。入眼、入心、入脑，大家每时每刻都能感觉到激励的氛围。”曾士凡感慨陈国环、王正洪、祝孝平等人的举措确实有用。“大家会被当股东的这个噱头吸引，被全员持股的氛围激发，旁边的人拿到了，我没有拿到，好像就是一种落后。激励有没有用，其实跟宣灌（宣传和灌输）有特别大的关系。就看我们怎么包装，把它包装成一个让大家看起来比较有吸引力的东西。”

下一步的重点是跟进。通过发邮件和会议提醒员工是一种常见的形式，效果未必好。赶集网鼓励基层管理者去提醒员工，而且是以基层管理者可以参与设计部分期权池的形式。“比如说我是一个管理者，我带了 10 个人，如果有 7 个人拿到 500 的期权，那我可以从这 7 个人里面去分得 10%、30%。”曾士凡觉得，如此一来，管理层有动力督促团队，团队也乐意被鞭策。“同时，他们天天看到战报，看自己的排名，看自己的任务差多少，他们自己都会去算。”

从制定政策到营造氛围，再到实时跟进，这三步缺一不可。“员工激励其实还是很重要的事情……这一块阿里系的人做得不错，不仅激励策略制订比较严谨，通过数据支持策略，对于到底激励哪个层面的人，激励到什么程度，都想得比较清楚，且在宣灌激励、氛围营造、实时跟进、策略及时调整这几方面做了很多文章。功夫真的是在细节，细节决定成败是有道理。”曾士凡表示。

战斗阶段性结束后，陈国环等人还会张罗一次团建。酒足饭饱后，陈国环、王正洪等会与在场诸人聊聊最近生活怎么样、如何育儿等轻松的话题。闫会宁本来对团建没有兴趣，“去哪儿（团建）还不得折腾，相互客套一下”的心情瞬间刷新成“确实感觉不同，我出来参加一次，觉得很有价值”。

闫会宁觉得陈国环、王正洪表达兄弟情的时机很恰当，“感觉说早了没意思，我们之间还没那么熟，聊这个东西很牵强。”王正洪回忆自己刚到赶集网时跟团队聊天的内容：“希望两年内赶集网一线员工有 30% 都买上自己的车，不会在爸爸妈妈生病时没钱看病。这是我们的梦想。先有小梦想，再有大梦想。”

激励团队，对于销售员与基层管理者同等重要。而针对基层管理者，过去的赶集网更注重精神方面的激励。曾士凡说，过去“天然地认为管理者本身就有内驱力，本身就是有精神力量的支撑。更多是精神上面的东西，靠对公司的忠诚，情感上的东西，支撑我做好这份工作，我要取得荣誉……原来的物质激励很少。我在公司这么多年，拿过最好的激励是一个 iPad，还有一次是一部手机。”

他们的上一任销售负责人、赶集网的创始合伙人刘洋在操盘赶集网营销体系的时候，更多的是靠信仰和精神的激励，他主张靠人的内驱力，靠大家的忠诚度支撑对结果的执着。曾士凡回忆道：“刘洋是一个对赶集（网）非常热爱的人，非常正向，所以，他是有理想主义的成分在里面。他会希望所有人和他一样，不计回报地全心投入，把赶集（网）当作自己的事业，这一点给我的影响非常大。他是一个让人愿意跟随、值得信任的人，过了几年再跟他相遇，你还是会这么信任他……刘洋那会儿会经常给我们精神方面的引导，他在乎的是这个人是不是正直、无私，是不是有事业理想。他让我们不要把金钱看得那么重，因为有些东西比金钱重要。”

于是这些年来，闫会宁、曾士凡等人总是隐隐约约感觉到自己的工作很重要，但不知道自己到底重要在哪儿。闫会宁对于自己坚守的工作岗位曾有过慨叹：销售团队的价值和长远意义太容易被低估，销售及销售管理同仁居功自傲、单点思维等易发多见的个性短板，易引起外界对这个群体给予负面的评价，内部也容易发生内讧，长期的社会价值会被掩盖和泯灭。王正洪与基层管理者第一次面对面交流时，阐述了腰部力量在衔接段的重要性，闫会宁觉得“总结得还挺精辟……吃完那顿饭，还挺有认同感，觉得自己这些年默默干活确实有价值、有意义。”

相较于基层员工，公司对于经理、主管的可控性更强，而后两者对基层员工的带动性更高。这便是腰部管理者的作用。曾士凡说：“其实就像跑步一样，肯定腰、腿一起动，人才能往前跑。腰和腿都得激励，只不过份额不同而已。激励到基层员工的比例过大，而主管、经理的部分跟不上，那么，激励的效果就会打折扣；如果分给主管和经理，他们就会抓基层员工，他们被带动了，就会有更高的热情去带动基层员工。”

在完成任务的思路下衍生的针对基层主管的奖金制，完全不适用于业务急需突破的赶集网。“这个主管的任务是 300 万元，他完成 80%，就是 240 万元。另一个主管任务是 100 万元，他做了 100 万元，完成比例是百分之百，你说哪一个业绩好？当然是高的好。但奖金是完成比例百分之百的人高，科学吗？肯定不科学。高级管理者可以用奖金制，对中低级管理者是不行的，对于销售也是不行的。”王正洪说，“这个制度非常关键……他更有期待了……”

未竟的遗憾

陈国环将修炼多年的内力传给了赶集网，效果立竿见影。赶集网营销线的员工觉得促销、策略、工作方式、激励、荣誉感等都与从前不一样了。每年的 3 月是赶集网销售收入的高峰，4 月、5 月便是所谓的淡季，但 2014 年的情况大不相同，4 月的收入上涨，5 月的收入仍上涨……

赶集网销售员的思维习惯业已转变。王正洪说："以前我下面的管理者都对任务和目标抱有质疑，觉得完不成，看到任务的第一个反应就是 No，现在变成什么？任务给他，他接受，（自己）回去想方法。"

赶集网的渠道体系也是大变样。曹士军说，祝孝平到赶集网时，业绩较好的代理商月营收额不过几十万元，到 2014 年年底时，这个数字已经变成了四百多万元。他认为，按此节奏的话，2015 年拥有几百家代理商的赶集网渠道体系将出现几家年营收过亿的代理商。"机会好，赶集网积累了那么多年。"祝孝平谦虚说道。

闫会宁觉得陈国环等人带来了颠覆，使全公司沸腾，所有人都心服口服到这种程度：同样的概念由陈国环说出更容易让人接受。陈国环认为，短时间内自己的"术"至少发挥了七成功力。但"术"只是一方面，要让赶集网成为一家伟大的公司，还需要解决可持续发展的问题。陈国环需要注入"道"，即使命、愿景和价值观。

陈国环从去哪儿网找来了诚信通时期合作过的"政委"邱琳。自渠道部门之后，她去了诚信通电销和阿里云（融合万网），2014 年去了去哪儿网目的地事业部——与张强搭档。"（因陈国环的）情感呼唤，而且我跟老陈他们做过搭档，对他们信任，加上他们也来了一段时间。"邱琳于 2014 年 9 月来了赶集网。

鉴于赶集网的人才梯队并不明确，很多团队没有接班人，邱琳搭建完"政委"团队后，先得让业务领导改变对 HR 的原有定位，然后在后者的配合下，才开始了赶集网的人才盘点工程。"政委"们要对哪些人具有发展潜力、中坚力量是否坚强、各层次人才的比例如何、需要提升的能力点、某类人才的稀缺程度等分类汇总，力求让每个人都感觉到成长，同时这个组织要经受得住震动。

2014 年赶集网的年营收同比增加了近 200%，它正在从谷底快速逼近 58 同城。从生死战中喘一口气后，陈国环、邱琳打算通过管理层访谈的方式，梳理和提炼赶集网的使命、愿景和价值观。杨浩涌还对邱琳表示，他将给 HR 部门留出一半的时间用来推动文化体系的搭建。没想到 2015 年春节过后没多久，赶集网与 58 同城合并了。

陈国环难免引以为憾："我只在营销体系层面有小成，但在整个公司层面还没达到那么大的推动。比如产品体系、技术体系，不是属于我带的，没有那么大的波澜壮阔，因为时间比较短。我在'道'的层面只发挥了 20%。如果我发挥了 70%，道术结合，假以时日，整个公司全部被正能量覆盖了，它会源源不断地像电磁波一样辐射出去，赶集网就非常非常厉害了。"

行文至此，或许让人好奇，陈国环和干嘉伟，作为中供系出身的两大 COO，谁的功力更胜一筹？陈国环认为自己直销和渠道兼修，武功或许算天下第一。干嘉伟认为自己至少前三名，并且不知道另外两人的名字。

展开来讲，王刚、干嘉伟、陈国环、吕广渝、俞朝翎、雷雁群等老"省长"参与、见证、维护了中供系差不多所有的成型套路，他们之间孰高孰低？一位中供老兵的回答简单明了："以较高的 COO 标准（90 分？比如当年的关明生）来评判，这些人的能力都差不太多。"

"随便换一个人去美团，结果都不会差太多。美团那时的组织体系烂得一塌糊涂，竟有人在公司里吸毒，高层都到哪里去了？美团是那种三年没擦过灰尘的车，拿报纸或拿抹布擦，不会差太多。阿干就是那块抹布，换一个人可能是报纸。

如果你认为阿干的能力（强），那怎么解释陈国环的能力？陈国环在赶集网也梳理了很多东西，迅速把 58 同城逼得没办法。老陈去美团，结果也一样，差不了太多。这些人，相互之间不会服任何人。谁佩服王刚？是王刚的运气不错，投了滴滴。在那个年代，就是互相谁也不服嘛。你 80 分，他 82 分，差在哪里了？不会有太大差异。”

在吕广渝看来，这些人是阿里中供系的黄金一代。“2008 年后的销售一进来，所有的东西都已经成型，他根本不懂为什么是这套体制在驱动直销。”吕广渝颇为诚恳地表示，中供的地推铁军最辉煌的年代到 2007 年为止，到陈国环那一代就结束了。“最辉煌的是那之前四五年。大家现在讲的中供，就是那个阶段的中供。”

第八章　去创业

滴滴诞生

2010 年，程维去支付宝管团购时认识了王兴。后者当时不过是一个小圈子内知名的极客范儿创业者，他的事业比一般人无疑有成就得多，但王兴那时并不是知名企业家。2011 年下半年，团购仍然大热的时节，美团完成了 5000 万美元的 B 轮融资，团队也从几十人膨胀至上千人。王兴几乎转眼间便成了一个时代的弄潮儿。他已经不是一个白领员工可以平视的人物了。

如果一个王兴式的骤变出现在一个人的人脉圈内，但凡是一个心思有些活跃的人都会大受刺激，程维当年即感到“心痒和手痒”。王兴也鼓励程维出来创业。

出来做什么？中供系正处在蔚为可观的离职潮中，创业并不是大家选择的主流方向。即便创业，也多去做了代运营。代运营创业模式的由来很好理解。金融危机后，在外贸转内销的历史背景和淘宝疯狂崛起的助推下，大部分工厂主以开设淘宝店为主要形式开拓国内市场。其中有相当比例的人认识中供系的销售员，关系也维护得不错。对他们来讲，与这些中供人合作开设淘宝店是一个省心的选择。一般而言，销售员负责开淘宝店及日常运营，客户则负责供货。销售获得了电商的经验，客户则清理了外贸尾货，大家都赚了。

程维也想过在电商领域创业，但他认为这些创业方向似乎不靠谱，都太容易遭到互联网巨头的狙击。今天回忆起当时的心态，程维认为更多的是顾虑："今天我们做的这件事情会不会有前途？希望能够找一个大师给我算一卦，给我验证一下，盖个章，此事可成——这种焦虑我也有过……当时我的商业判断非常浅薄，并不能够判断到底哪些事情会有未来……"

2012 年 4 月，程维与遐想过程的参与者、老领导王刚发现了陌陌 App。这个 App 让他们直觉地认为移动互联网是一个新世界，让正变得鸡肋的 LBS（基于位置的服务）功能找到了颇多应用场景。移动互联网似乎意味着一个正在加速到来的新世界，而且它对传统经济的渗透力度将不同于 PC 互联网。Hailo 这个欧洲打车软件完成了 A 轮 1700 万美元融资的消息似乎也证明了这一点。

王刚和程维都很清楚，在中国城市里，打车是一个痛苦的体验，这个方向似乎可行。如果要做，当然不能从商务车这样的窄众需求切入。"创业要做大众主流刚性需求的市场，我们决定切入这个领域。"王刚回忆他们当时的决定时说。

2012 年 6 月，在直觉和冲动下，程维离职了。他带着入职阿里巴巴 8 年来攒下的 50 万元，以及王刚投资的 80 万元，创立了小桔科技。创业之初，程维的重心有两个：一是两个月内制作出滴滴打车这个 App，二是给平台找到供给方，也就是出租车。

根据程维对小饭桌 CEO 李晶的讲述，小桔科技的两条路都步履艰辛。滴滴打车 App 如期交工，但"根本没法用"，那是一个最多三四十分的产品。“叫车，司机端应该响，技术人员对我们说，已经达到 50% 能响了。结果叫一单两次，有一次能响，问我能不能上线。我被逼得没办法，我说达到 75% 再上线吧。”程维除了觉得外包不靠谱之外，很感慨如今的创业是一个比拼短板的时代。“你必须要在每一个事情上都做到及格线，不能有明显的短板，哪个短板是你最困难的事情，你必须要补上去，把这个事情做好……那个时候我根本不知道 App 还要做 iOS 和 Android，还要做后端、前端、架构，我（只）是很浅薄地思考。”

App 终于上线了，程维信心满满地拿去给王兴展示。“你给我把把关。”王兴回道：“垃圾。”程维说：“你能不能对一个创业者慈祥一点？”王兴又说：“我是不会用一个需要注册的产品的，应该是先用。”程维虽然不服气，在冷静下来后还是更改了使用流程。

在相当一段时间内，滴滴打车的 App 极耗流量。不得已，只要有司机投诉，滴滴就给司机充值 5 元的流量。

程维费尽千辛万苦，于 2012 年年底找到了“命中注定”的张博，这些技术端问题才迎刃而解。创业之初，程维曾询问关明生，马云是怎么在一年时间内组建起包括关明生、吴炯、蔡崇信、李琪、孙彤宇等人的这支团队？关明生说，他也纳闷……但马云是从各个渠道打造了这个豪华的团队。

在程维眼里，2000 年的阿里巴巴能拥有这么一支团队，基本上决定了它一定会抓住电商的机会，顺便也会抓住金融的机会。“马云（能有）今天的成绩，是因为他第一年的时候就有这个（建团队）能力。”这个触动让程维决定要把 40% 的时间放在招聘和面试上，其工作内容的 80% 则是吸引人才加盟并使其融入。循此路径，2012 年，程维找到了张博，2014 年找来了柳青。

地推供应商

中供区域经理出身的程维本以为线下的进度应该较快，毕竟这不是让人花上几万元去买一个预付费的互联网产品，只是与自己合作而已。“我们是免费的，还要怎么样？起码是免费的……按道理应该是能够签一些公司的。”程维当初定的计划是：两个月内从北京 189 家出租车公司的 12 万个司机中，拉来 1000 个司机使用滴滴打车。

但创业四十天后，没有任何一家出租车公司与滴滴打车签约。作为高度管制的行业，每个出租车公司都在询问体制外的滴滴是否拥有“红头文件”。滴滴的地推人员每天斗志昂扬地出去，非常气馁地回来。不仅北京，前去深圳探路的团队也是如此碰壁。这让程维觉得可怕：“一天碰到这个问题，可能说再试一试吧。如果用四十天，跑了一百家客户，都是同一个问题，再铁打的团队都会气馁，真的气馁……线下突破是一个不容易的事情。”

滴滴打车的地推人员问程维，到底有没有亲戚是“交委（交通委员会）”的？程维找了一圈，确实没有。程维鼓励团队道，如果跑完 189 家出租车公司都不行，我们就放弃。“努力到无能为力的时候，老天就会给你开一扇门。”这句创业至今程维反复感慨的断语，很快迎来了第一次使用场景。

昌平北七家镇的银山出租车公司决定试试滴滴打车。这个只有 70 辆出租车的公司之所以愿意合作，是因为滴滴的地推人员“很执着、很实在”。另外，程维估计也“可能是（请客）喝了点儿酒”。

作为“互联网 +”的典型行业，一旦有人以高效率的形式绕过了桎梏，那么，决定其变革速度的就是利益大小。程维向团队解释银山出租车公司这道曙光："只要有一家愿意跟我们合作，一定会有第二家。你告诉别人说，他已经做了，如果你不做，你的司机的收入就没有他好，慢慢地你的司机就去那边开车，你的车就空在这里了。我们一个礼拜签了四家出租车公司，然后我们给深圳团队打电话，这边都已经突破了，你不突破是你的问题。他们说，也对。"

不过话说回来，出租车公司与滴滴的所谓合作，并非是强制让司机安装滴滴打车 App，仅仅是给了后者一次向司机推销的机会而已。程维激情四溢地向台下的一百多个司机讲解了什么是滴滴打车，互联网如何提高行业的效率，滴滴打车会让大家的工作不再是一潭死水……但是，"一场下来，没有什么人愿意主动安装。"那段时间，滴滴打车的地推人员宣讲一场，一百人大概能有七八个人安装滴滴打车。

一天，一个地推人员宣讲一场，让 12 个司机装了滴滴打车，并且得到了司机们的掌声。他随后给程维打电话报喜。如此进度，让程维心中不免感慨"我们公司的前途……"，但他还是给予了鼓励。作为 CEO，程维必须是滴滴打车最乐观和最冷静的人。

程维在一次活动中向在场的创业者分析了乐观的意义。"大家知道吗？创业最困难的时候，要学会拿这一点点激励团队，因为 90% 是沮丧的，90% 是让你失望的。你要扛得住，那靠什么呢？就是靠一点点小的突破和一点点小的成绩，大家就会兴奋，你就能坚持下去。"

2012 年 9 月，滴滴打车 App 上线。第一天，只有 16 个司机在线。滴滴的后台会把每一个在线显示为一个灯，对北京市场而言，16 个灯相当于零。程维至今记得团队有些失落的表情，他激励团队道："起码还有 16 个司机相信我们……这就是 16 个希望……最重要的一件事是我们要留住这 16 盏灯，再点亮更多的灯。"

宣讲会的效率实在太低，而且竞争对手已经大批出现。在与摇摇招车的较量中，滴滴打车歪打正着地发现一次电台广告“一夜之间就拿下了一千个司机”。没多久，打车 App 们都发现这行业的地推不应自上而下，应该直接面向利益直接相关方——司机。

那时，势头最好的摇摇招车拿下了与首都机场的合作机会。“我们当时说，机场每天有一万五千辆出租车会经过，北京一共是七万辆出租车，也就意味着四五天，你就可以跟所有的司机接触一遍了……司机要在机场等很久嘛，排队要等一个半小时，所以有一个活动区，司机要下车等待。他们在那里面摆了一个台子，台子上面有广播，还拉满了横幅和易拉宝，写着‘马上安装抢单神器摇摇招车，月收入多赚两千元’，很有煽动性……”程维的压力一度大到觉得滴滴是不是输了？

滴滴的对应之举，是花了 4000 元说动了一个在北京西站管停车的人，让他“放我们一马”。滴滴得以在北京西站出租车集散通道摆摊，地推人员得趁出租车通过这两三百米通道的一分钟内，说服、教会司机使用滴滴打车。如同中供系元老们当年总结话术一样，滴滴也总结出了一套流水线式的工序，用来快速判断司机是否拥有智能手机、如何快速安装 App、驾照拍照等，细化到规定了发传单应在司机上厕所之前还是之后。11 月的通道穿堂风让滴滴的地推人员轮番发烧。大敌当前，程维的表态是：“人可以休息，但是岗不能休息，几班倒。”

在这个当初程维自己都觉得不靠谱的地点，努力到 2013 年春节前，滴滴获得了一万个出租车司机注册用户，北京初步被滴滴拿下了。

“当时我们定了一个目标，说是一个冬天要拉一万个司机。因为我们算，北京可能一共就有一万个司机有智能手机，他们冬天总会来北京西站一次吧，必须给他装上，装一万个手机……没有什么不可能的，在最艰苦的环境里面，只要你想，然后把它做到极致，一定是会做成的，我们就装了一万个手机。”程维日后告诉当初没选择加入滴滴、坚信摇摇招车必胜的那些人，“一辈子你也不会理解的，我们就是坚持拼搏吧……资源不是什么重要的事情，就看有没有用心，有没有坚持做这样的事情。”

不能靠地推获取用户

如今的“互联网 +”公司的产品大多为某个垂直行业的平台，而平台的成长关键点是平衡。司机多、乘客少，会流失司机；司机少、乘客多，会流失乘客。滴滴的压力在于每当一端获得突破，另一端都得迅速跟上，以求平衡。

程维本以为积累到了供应方，产品上线就算过了一个坎儿，没想到难题才刚刚开始。出租车司机对于打车 App 的耐心不足一小时，如果这段时间内没订单，他就会关掉，很有可能再也不用了。而滴滴“没有办法很快积累乘客”，程维的压力非常大。

形势这般严峻，让试图向用户收取 3 元钱使用费的做法很快被验证为根本不可能。很快，滴滴打车开始补贴乘客。程维还招了一个兼职，每天给他 400 元去使用滴滴打车，以此来给司机信心。很多时候，滴滴打车就这么一个乘客。

而且这位兼职的工作也很痛苦。尽管注册司机多达数百，但在线的不过数十，这就出现了刚拉完他的司机再次接单，兼职人员不敢上，怕被发现是个“拖儿”，司机也不走，于是互相等待的尴尬局面。

程维曾让一位地推人员去人多的地方发传单，时值每年“两会”，结果这位员工在北京西站的天桥底下刚掏出一沓传单，就被警察抓住了。他们还在人多的地方发过小卡片，程维自己去小区的电梯里贴过广告，CTO 张博都跑过来建议发 3 元钱的代金券来获客……程维总结道：“大家能想到的方法我们都想过，效果都不好，真的都很差。线下到线上的转化率很低。”

线上的情况也不理想。“互联网 +”时代与互联网时代不同，后者的产品从第一天起大多就是面向全国市场，而前者则大多从某个城市起步，这意味着滴滴打车在实现全国布局前，很难在线上高效地使用流量。

程维曾去找百度地图，他觉得百度地图日均 2000 万的用户，至少 1% 的人需要打车吧，算下来就是 20 万人，即便转化率 10%，那也有两万人。“这还得了？一天两万单绝对好了，所有的市场就赢了。”程维拼了命地谈成合作，结果“一天三四百单”。他因此觉得，可以使用资源，但不能有任何的依赖。

乘客端的突破还是靠那句话：努力到无能为力。这次帮了程维的是北京的雪。2012 年 11 月 3 日，北京大雪，大量白领打不到车，于是，滴滴的日订单数首次过千。那年的冬天，北京下的雪还特别大、特别密，滴滴的日订单数也突破了生死线。

2015 年时，程维回想当初，觉得后怕。“你看 2013 年、2014 年这两年，北京的冬天下雪了吗？这两年都没怎么下雪。”当然，并非老天爷拯救了滴滴，有不少乘客是接受了出租车司机的教育转而使用了打车软件。程维说：“很多白领听过或者在哪里看到过我们的一点点消息……运气是建立在每一个用心的细节上。工作做到位了，别人知道你了，下雪了，一下子推动了用户第一次使用。”

那些不擅长地推的、向用户收费的、向司机送手机和 iPad 以求注册使用的、一开始便快速铺全国的、创始团队格局过低的打车 App，很快便离开了人们的视线。滴滴打车则完成了供应端、用户端的初步积累，产品、技术团队也趋于稳定。

2013 年 4 月，在日订单数约为 2000 单、A 轮融资时曾被数十家 VC 拒绝的滴滴打车获得了腾讯的 B 轮投资。那一年夏天，最后一个区域割据的竞争对手——大黄蜂无力烧钱，被快的打车收购。这时，滴滴打车即将完成由中信产业基金和腾讯的 1 亿美元 C 轮投资。

李琪闪现

程维在不到两年的时间里，从阿里巴巴的基层干部一跃为中国炙手可热的创业新贵。一如当年王兴在客观上刺激了他身边的程维，现在程维也“刺激了很多老中供的人，几乎是所有的人，是极大刺激，不是一点点刺激”王刚语。

受到刺激的中供系自然也想起而效之。2011 年离职后，经营一家小语种 B2B 网站的张晖便找到了王刚。根据《价值线》的报道，2013 年程维说的一句“货运信息匹配的信息平台，市场很缺”，张晖听了进去。没多久，获得王刚天使投资的、自称货运版滴滴的运满满诞生了。

从原则上讲，天使投资人王刚张开双臂欢迎想创业的中供系。此前团购热潮时，中供系只是出山在团购公司负责销售，但这一波让中供系再次浮上水面。跻身大众关注的创业浪潮，对他们而言，这本身意味着更大的挑战。但 O2O 需要的是简单的产品、执行力强、能打硬仗的队伍，前者弱化了中供系的短板，后者则是为中供系天造地设的角色。

低效的产业形态推往高效的方向，最有效的方式就是靠地推铁军手把手去“传帮带”。人越多，产出就越多，就越强调组织力和执行力。即便从获取用户的角度来讲，地推获客也值得一试。因为那个年代，PC互联网人口红利已经见顶，在激烈的竞争下，流量费用贵得吓人。

至于中供系并不具备的商业判断力、产品和技术能力，王刚认为，这就是他作为天使投资人可以发挥的空间，“我只需要帮他们找到商业方向和早期的产品雏形，这两条我能干”。

当然，不是所有中供人都能适应创业者的角色。中供历来有能力维度单一、思维僵化的毛病，所以王刚的目标是找到28–35岁、思维活跃且证明过自己的中供人。在王刚看来，这批人有商务经验，在阿里巴巴并没挣到大钱，有饥渴感，还愿意“拎着脑袋干革命”。

卫哲也觉得，中供系里过去带过千军万马的M5或M6去创业未必会好，“级别越高，离业务越远，组织能力、团队管理能力越强。创业必须产品、业务能力比较强。M5或M6出来，只能做大公司的COO。”更何况，不少40岁的中供人算是挣到了大钱，他们已经在考虑生活与事业的平衡了。卫哲在这一波O2O创业潮中，投资了阿里巴巴B2B公司中西部大区副总经理周楷程创立的星空琴行和工号为1499的中供人王增来创立的水果O2O公司点呀点。

大概是在这时间，一个生活与事业已经平衡了多年的人找到了王刚——李琪。李琪在加拿大和中国香港两地待了多年，不知何故，决定进入正在启幕的O2O创业潮中搏击一把。他成了自助点菜结账App大嘴巴的CEO。

根据21世纪网的报道，李琪本是大嘴巴的天使投资人，在创始人因家庭原因留在杭州的情形下，李琪前往上海亲自上阵。大嘴巴的创始人阵容十分豪华，除李琪外，还包括前阿里巴巴集团副总裁和阿米巴资本创始人赵鸿、前亚信副总裁赖毅强、前阿里巴巴集团资深后台架构师余思恒。

李琪希望王刚能投资大嘴巴，王刚则对此颇为尴尬。他告诉笔者，自己想投又不能投："他是我原来的老板，今天我做投资，他去创业，我投资他，这什么逻辑？我不好意思投资他。他这样的人，应该去航母里当舰长，怎么能当渔船的船长？大材小用了。"最终，合作没有达成。

一位中供早期元老认为，李琪的创业初衷当然不是财务回报，而是"过去受过伤，要操盘"。干嘉伟则觉得这是胡扯："李琪又不是没控制过。"李琪曾经创立过俞朝翎、雷雁群、罗建陆、陆兆禧等人都曾身处其中的伟业。

干嘉伟曾到上海参观过大嘴巴。李琪还专门带着干嘉伟去使用了大嘴巴系统的餐馆吃午饭。李琪身穿短裤，趿拉着拖鞋，跟干嘉伟说："好爽啊，你要不一起来吧。"干嘉伟觉得李琪是在说创业这件事。但那时美团还有颇多竞争对手，干嘉伟如何能撤？干嘉伟回道："别了，美团还有那么多兄弟指望我呢。"

大嘴巴日后的发展颇为低调。2013 年 8 月，大嘴巴 1.0 正式上线，其竞争对手包括阿里巴巴旗下于 2013 年 6 月底推出的淘点点。接下来的新闻是 2014 年 5 月，大嘴巴获得了来自大众点评的 5000 万元战略投资。根据大嘴巴联合创始人赵鸿那时对媒体的表述，双方将进行模式类似快的接入支付宝的合作，即大众点评给大嘴巴这个工具导流，大嘴巴则给大众点评带来菜单预览、点菜、下单、结账等功能，丰富大众点评的用户体验。

顺便一提，吕广渝也创业了。当初离开窝窝团后，他加入了安居客。但安居客创始人梁伟平不懂销售，也没用好吕广渝。于是，吕广渝本着体验“从 0 到 1 是什么过程”的目的，创立了亲子教育 O2O 平台孩子学。

唐万里离家

2014 年 1 月中旬，刘自成在杭州西溪湿地的无界茶馆组织了一次聚会。这是一次以投资和联络感情为目的的活动，参加者多为已离职的中供系区域经理、有投资能力的老“省长”、同程网 CEO 吴志祥和蘑菇街 CEO 陈琪等创业者。

大家轮番上去讲经验和心得，随后便三三两两聊感情和近况。那次去参会的年轻人大多对讲得“手舞足蹈”的王刚敬佩有加，觉得他太牛了，“思考能力特别深，要么不说，要说就说在点子上了”。程维没去参会，但一直都“在场”。

因“老领导说要见面”和“听听大家在干什么”而去参会的唐万里，本来颇为自豪他过去的这两年。2012 年年初，他离职后回到湖南经营家族企业，唐家以向酒店提供肉类食材的半成品为主，比如卤猪耳朵。

“我想验证脱离了阿里之后，还能不能去建立一个类似于有点意思的组织……”唐万里说，“（我）在长沙成立了贸易公司，有了销售前端，投钱建了一个厂……”他把自己在阿里巴巴学到的团队管理、激励等能力一步步运用于家族的公司，将一个年营收 1000 万元、前店后厂的作坊，打造成了一个年营收 5000 万元、组织架构完整的工厂企业。

唐万里没有太大压力。“没什么事情做，很轻松……做得还可以，一年几百万元净利润……做得也挺有意思的。”这两年，他仍保持着阅读习惯。他看到了家政、代驾、出行等生活服务业正在发生的变化，不过这与身在二三线城市的他并没有太大关系。现在唐万里才知道，一个“有一点名气”、正在影响身边人出行方式的滴滴打车竟然是程维所创。

他很惊讶。他与程维并不熟，“听完以后知道是谁了”。唐万里估计过去与程维在全国经理会议中谋过面。尤为刺激人的是，程维在中供系年轻一代中并不算拔尖人物，他此前在江湖中并无传说。唐万里说，程维在中供时跟自己一样，“都没什么太久的历史。传奇太多了，厉害的人多得是，有点故事都不值得拿出来分享……他以前跟我们在一起开会，大家都坐在后排……”

但当唐万里在湖南过着相对轻松的日子时，程维却经历了各种生死磨难，并在快速学习和成长。对比下来，唐万里觉得自己迷失了两年。“一点意义都没有……不爽……我还在梦想着怎么做到一亿元（人民币），人家已经做到十亿美元，价值六十多亿元人民币。”

唐万里对于当年离职后没有多走动感到极为后悔。“2011 年年底、2012 年年初移动互联网刚刚起步，我一直在广东，接受的互联网思维少一些，广东是一个以贸易经商为主的区域，不是做 O2O 的……如果你不在最热闹的地方生活，所有的先发优势都会变后发。别人都把起点站住了，你在一个角落里自己玩，有什么意义……如果那个时候在北京，我一个人出来，肯定做其他事情了。如果那时候多走动，肯定不是这个状态。”

知道滴滴和程维的故事后，经历了唐万里般心态转换的大有人在。其中，另有三个年轻人拿到了投资，开始创业。唐万里很快收到了王刚的短信：“万里，出来做一个大事情。”唐万里回道：“成交。”

王刚告诉笔者，他感受到了唐万里想做点事情的决心。“第一，这个人有一股福气，蛮大气的，也很聪明；第二，他有执行力、有决心、很爽快。我感觉到这种能量带队伍没问题，所以敢相信他。我愿意带他，愿意孵化他。”2015 年秋天，笔者见到王刚时，他的天使投资项目中超过三分之一但不到一半来自阿里中供系。

唐万里声称自己“没有什么服不服气”的心态，只是觉得天变了，再不换赛道，一定会被甩得更远。他回到湖南后便告诉家人：“滴滴这个东西可以叫车，这是我同事做的。他可以做，我们也可以试试。我要去做这种事情。”

家人则认为唐万里被洗脑了。2014 年 4 月，做完说服和交接工作后，唐万里便一个人背着包去了北京。他已经意识到了北京是所有 O2O 的制高点，一个集人才、市场、资本、好奇心的热闹地儿，一个“风水好”的地方。

共享家厨

王刚请他认识的投资人给唐万里“洗脑”。唐万里则像个徒弟一样，跟着王刚聊天、观察。唐万里想过代驾、人人快递等方向，最终决定进入运动行业，做一个让用户通过手机预约运动场馆的 App。

唐万里需要找一个技术合伙人。他便在滴滴的办公室里找了个工位，打了三个月电话寻找合伙人。如有合适人员，他还请滴滴 CTO 张博帮忙面试。三个月后，团队终于成型，唐万里却决定放弃。他曾对《福布斯》（亚洲版）表示：“全北京只有三百多个场馆，这将是门极易碰触成长天花板、想象空间不大的生意。”王刚则在唐万里身上花了颇多时间，“遇到困难调不调（方向）？调，这么调。他不笃定的时候，我跟他一起做决定。”

2014 年 9 月，唐万里决定转做厨房共享，并得到了王刚的天使投资。这个名叫回家吃饭的 App 向城市白领人群提供距离其最远不过 3 公里的家庭厨房家常菜。对消费者而言，这算是个独特的外卖选项，它提供性价比更高的食物。唐万里估计回家吃饭的订单均价为 27 元左右，可供 1.5 人食用。对供应商而言，这是一个利用自家厨房的闲置产能和个人时间赚钱的机会。

唐万里将这个产品描绘得温情脉脉：“唯愿有一天，普通人都可以走到邻居家吃饭，就像回到自己家一般舒适自然。”

与滴滴早期一样，回家吃饭的关键点也是供应端和消费端的动态平衡，而这均取决于地推能力强大与否。回家吃饭的地推人员从小区起步，但很可能是由于早期将重点放到了“让家厨提供堂食”这一服务上，导致了回家吃饭的供应商数量迟迟无法突破。

以中国人的距离感、安全意识、居住面积来看，邀请消费者上门就餐面对着太多不可抗力，毕竟回家吃饭的目标家厨供应商是退休老人与全职家庭主妇。直到 2015 年 1 月，进驻回家吃饭的厨房数量仍为个位数。

尽管唐万里曾向团队表示：换赛道不换初心、换项目不换团队、换起点不换终点。但举步维艰，依旧造成了核心团队的流失。待放弃堂食，明确地推重点为“（家厨）给家人做饭，顺便给邻居多做几份分享出去”，并且补贴力度加大后，回家吃饭的供应商数量开始快速增加。

如果说在湖南经营企业是消耗唐万里在阿里巴巴积攒的经验和知识，那么，创业则给予了他新的养分。2015 年时，唐万里跟王刚说，感觉创业永远都是在做关于“人”的工作。“我选什么样的人来带团队？和他们一起怎么去赋予这个团队气质和精神？怎么理清他们的职能？怎么提升他们的工作效率？怎么去推广打法？当你有了目标、打法、工具，最后就是通过团队的成长来推动业务的增长。这不完全是指地推团队，哪一个部门都差不多。团队方面能赋予他精神，技能上能赋予他能力，都差不多。”

在此方向下，至少是回家吃饭的地推团队越来越像唐万里在中供时带过的队伍。“越来越像以前我们中供那时候的气质，那种霸气，那种渴望和对目标的忠诚。”唐万里说，“我们整个团队跟阿里的团队真是非常非常像。”

解决了结构性问题的回家吃饭在 2015 年 3 月前后，接待了今日资本的徐新。4 月，回家吃饭完成了 B 轮融资。待北京的日订单接近 1 万单后，回家吃饭于当年 8 月进入了上海。唐万里估计，仅北京一地，2015 年年底的日订单即可进入 5 万至 10 万单区间。

代运营生意

像唐万里这般，在一个光辉榜样的照耀下，依靠大公司履历，从天使轮开始便得到资本的助力一步步前行的中供人，是后来者。如前述，大部分离开阿里巴巴的中供系在 O2O 兴起之前的创业项目，基本是代运营。李立恒就是其中的佼佼者。

自成为“阿里军校”校长后，李立恒的感悟颇多：“所谓己所不欲，勿施于人，在你去教一个人的同时也在教你自己，你去要求一个人的时候也是在要求你自己。这就像一面镜子，把自己照得清清楚楚，所以，授予的过程也是自我学习和成长的过程。你可以把培训做得很简单，不就是组织一群人听一个人在台上讲，貌似真的挺简单。如果你是真心想帮助他们成长和提升，那就不一样了。你会沉下去看每一个员工，看他们过去的成长经历、看他们现在的发展瓶颈甚至深入到他们内心深处。你做的不仅仅是授予人知识那么简单，更像是一个人成长路上的陪伴者。所以，有一段时间我对培训产生了敬畏和好奇。我觉得这个事儿很伟大，很了不起。这段经历对我而言就是一场修行。”

两年时间一晃而过。李立恒认为自己 2007 年想离职却未走时的念头——要证明自己的价值——如今已实现。俞朝翎也认为与之前相比，李立恒主管的培训部门做得“更细分、更深入、更好玩了”。于是，李立恒在 2010 年离开了阿里巴巴，寻找下一个人生方向。

这时，一个过去的毛绒玩具厂客户向李立恒提议，两人合作运营淘宝店。李立恒也想围绕着电商找项目，于是两人合伙成立了一家公司，客户负责供货，李立恒负责运营。

与大多数坐吃平台红利期的淘宝店不同，李立恒在运营上下了很大功夫。他把线上页面当作线下的展架般来琢磨，还从线下零售业中汲取营养。他琢磨迪卡侬和宜家的陈列、室内路线，以此类比页面停留时间。李立恒请女模特抱着毛绒玩具拍照，给图片故事分类，找人美化页面……

如此这般卖力经营下，他们的淘宝店在 2011 年的营收达到了 6000 万元，第二年还升格为淘品牌。“我们是这个品类第一个淘品牌。”李立恒说他挣到钱了，还经常被淘宝请去给商家分享运营经验，因此也看到了更多上升空间的可能性。

践行那些可能性意味着这个淘宝店不能再定位于持续清理外贸尾货，其地位应该升级至利用淘宝的平台重点抓住内地市场，但合伙人不愿意给这个店铺增加单独的分销、采购、设计等能力。于是，2012 年年初李立恒买下了合伙人的股份，两人和平分手。从此，百通电商归李立恒所有。

这下，李立恒放开手脚大干了一场。他觉得店铺运营的核心为“五指山”：选货、陈列（产品描述）、转化率、客服、物流。店铺得学会给产品“271”式的分类：20% 是带流量的爆款，70% 是盈利项，10% 代表品牌理念。买直通车也得精于设计关键词，得看数据……李立恒说自己延续了很多中供时的习惯才得出了这套当时独树一帜的方法论：“销售总要学会总结提炼，我们善于把复杂的事情用口语、用段子表达出来。”

李立恒认为自己是靠方法论才获得了“值得淘宝拿出来去说，或者去复制、去捧”“老电商没有不认识我”的江湖地位。当公司达到三十多人时，一个员工表示：“咱们这个店做得不错，好像不需要那么多人，我们接点别的活吧。”李立恒觉得确实可以，“销售只要掌握套路以后，卖一个本、卖一支笔对我来说没有差异。”何况他在外分享时也常被卖家告知：“既然你做得这么好，那你帮我一下。”于是，李立恒进入了代运营领域。

过往的经验被打包成一个标准化的解决方案，向客户一次性收取 58 万元至 108 万元不等，代运营服务还包括给客户梳理品牌、制定产品矩阵、日常运营，客户只需负责供货和发货，如同当年李立恒与毛绒玩具客户的合作。他还与客户签订对赌协议，销售额低于某个数字，他便不收取约 15 个点的提成。

当然，具体运营店铺的是店长。店长类似于项目经理，带着客服、营销、设计等人员服务客户。高峰时，百通电商拥有三四百名员工，他们服务了家居、汽车用品、体育类约 460 个客户，而且“百分之百”完成了当初的对赌协议。可想而知，李立恒“赚钱凶猛”。

不过，“上海宝尊以外最大的 TP（代运营的简称）”这个地位并不能让李立恒满意。代运营一直是个让人没有安全感的生意。代管的店铺销售额猛增，客户便认为这个事不难，但收回经营权后，店铺的生意又未必会好，于是又交给百通电商。

“李宁（品牌），（这样反复）四次了。”李立恒向笔者回忆自己 2012 年的郁闷，“真正的电商是亚马逊那样的，我们这种人的方法论，靠系统给你全部解决了，价值不大。那时天猫和淘宝技术不成熟，但它们必须要一次技术升级。我有个预感，代运营干不长，只是个生意。生意说白了，赚一票是一票。”

李立恒玩“车”

干了一年多代运营后，李立恒试图离开这个自己虽仍然擅长，但已有成千上万家同行在抢生意、并没有太大未来的领域。

他试图发挥自己代运营专家的优势，创立一个电商领域的问答社区，又觉得销售出身的自己驾驭不了这个纯线上的产品，遂放弃。2013 年年底的时候，李立恒猛醒道：“知乎不就是自己当年放弃的那个方向吗？”那个他称之为“特别后悔的、最大的失败，错过了一个进入互联网的机会”。李立恒又试图搭建一个现今看来为兰亭集势的平台，把他代运营的 400 多个商家的产品卖给外国人。基于此前同样的理由，他也放弃了。

代运营时认识的汽车 4S 店老板告诉李立恒："有一个领域你们互联网电商还没有进，叫汽车后市场，就是汽车买完之后的养护、置换、金融等。"于是，李立恒花了 40 天走访 4S 店、维修店。结果让他很兴奋："他们太土了，还不如卖鞋的，卖鞋的还知道在网上弄一个店，他们什么都不知道。这是金矿。"

李立恒生怕别人知道自己发现了一个新大陆，于是偷偷摸摸拉着一支队伍进入了汽车后领域。他创立了 2 号车库，试图将其打造成一个汽车用品垂直 B2C 网站。在今日资本的问询下，李立恒意识到这个模式过重。

去美国转了一圈后，李立恒发现了两个对标物——AutoMD 和美国汽车协会（AAA）。并且，他自己得放弃后者模式，因为后者可以提供车险这事儿让李立恒无法理解，也觉得无法复制。"在中国怎么拿下保险牌照？"至于 AutoMD，就清晰得多了，用户只要把汽车的症状说清楚，AutoMD 则提供给用户一个专业解决方案即可。

2013 年 4 月，B2C 模式的 2 号车库升格为 C2B 模式的车蚂蚁，即消费者发起需求、商家响应。这一次，他获得了晨兴创投的天使投资。在当时的中供系乃至阿里人当中，出来创业的人屈指可数，且大多都在做 TP（代运营），融过资的人更是凤毛麟角，因此，王刚与李立恒熟络了起来。

两个人一起聊滴滴，见创业者，谈论各种商业模式。李立恒说："整个阿里创业就那么几个人，他最欣赏的我就是其中一个，我们之间相互欣赏。滴滴的商业模式是我跟王刚谈的……滴滴当年在阿里和腾讯之间选，是我跟他说你必须选腾讯。他说我不做投资就浪费了。"自然而然地，王刚打算做李立恒的天使投资人。

"汽车行业的交易算得出来，一年多少钱，一算很兴奋。王刚特别看好汽车行业，当时他投资投了一些小项目。（当时）滴滴没有盈利模式，他觉得做不好，而且是一个工具。（我）这个事还在烧钱，也不知道未来怎么样，所以说他当时没当成正事。（后来）他想要进来，但是晚了。我问他按照什么价格进？他说按照最早期，我说团队不同意。王刚说难道他不值那个钱？我说不是值不值的问题，生意归生意。他说拿滴滴股份换也可以，给我一部分现金和股份，反正是车的领域，说不定还有交集。”李立恒说，王刚看好商业经验丰富的自己，但一则价格不合适，二则他“沉浸在自己的世界里面自己玩”，于是他拒绝了王刚。

大概在六七月间，王刚与李立恒在一次通宵聊天中试图合伙成立一支基金。他们认为可以“看清未来所有的领域”，又知道阿里人适合什么、需要什么，所以他们来提供项目和方向，再围绕着中供系投资100个阿里人，“整个中国O2O，阿里系拿下”。

据说，王刚第二天便找到了一个愿出10亿元的大佬做LP（有限合伙人）。眼看一个激动人心的想法就要落地，相信车蚂蚁会成就大业、公司大小事都管的李立恒又“不想分心了”。他对笔者回忆自己当时的判断：“一旦做了那件事，至少消耗40%的时间，用60%的精力做车蚂蚁，没戏。”王刚则表示，自己在O2O浪潮中主投中供系跟李立恒“没什么关系”。

2014年跑了小半年，车蚂蚁在杭州完成了业务模式的实验。车蚂蚁以实质为整体解决方案的服务包满足消费者的需求，在杭州一地的日订单数据说达3600单。看上去，李立恒牛刀小试的结果不错，“我们不是吹的，这个行业的头条全是我们，隔一段时间上一次。很多人融资都会拿着我们（做成功案例）去融资，是我们引发了（汽车）后市场的这个爆点”。

第九章　被刺激的人

车蚂蚁困局

待总结经验向全国扩张时，李立恒发现自己想错了。汽车后服务在相当程度上是非标品，这就意味着其交付环节相当复杂。消费者不仅期待物流，还期待线下的安装和服务。如果车蚂蚁像京东那样做自营模式，那在汽车后这个领域会比京东还要重得多，复杂得多。如果车蚂蚁走的是淘宝的轻模式，其线下服务的交付质量又会很糟糕。

无论如何，李立恒发现自己若要赚钱，其实还是得靠卖配件，只是绕得更远而已。“不能赚用户的钱，不能赚商家的钱……维修，无法回到线上，车撞了，你得（现场）看一下才能报价，链条太长。（汽车）美容可以，但它就是卖机油、机滤。那你除了赚配件的钱，还能赚什么钱？但以京东上的机油价格，拿货都拿不到，（我们做）哪有利润？而且出力不讨好。用户买了服务包，我必须控制配件质量，否则客户觉得这个配件是假的。我卖了 3000 单，最后投诉是 1000 单。而且，如果这个事最后的红利是配件，为什么不直接做一个 B2C 去卖配件呢？为什么非得把它打包成服务包，绕了一个弯卖配件？我最早就是卖配件的，我现在搭了那么多人的团队，图什么？何苦呢？”

李立恒觉得自己把自己套进了卖配件的老路。尽管他 2014 年完成了一轮融资，但他仍然觉得融资没意义。既然此路不通，那车蚂蚁该去往何处？李立恒不知道，他也不能让员工知道这一点。他在处理洽谈资源、招聘等日常经营时尤为感到痛苦和压力。“每个决定都跟方向有关系。现在干的这些工作，好像不是未来的方向，这个事可能不是我想要的。但是同志们那么积极和热情……”

作为一个看清楚事物的结构、制定好战略才行事的人，李立恒对自己看不清方向这点“零容忍”。想到头痛处，李立恒觉得“谁过来给我出个方向，我给他所有的股份”。

这种人可遇不可求，李立恒还主动降低了遇到这种人的机率。他不太跟人聊车蚂蚁，既因为有朋友挤兑他“你不是挺聪明？我不行，我比你傻多了”，也因为“别人也不懂”。李立恒觉得自己的现状颇为尴尬：做一个不熟悉的领域，还起那么高的调，就跟唱歌一样，明明不会唱还想拿第一名，简直是自找麻烦。

离开麻烦的方式之一是封闭自己。事实上，身陷困境的李立恒愈加觉得过去的社交行为让他心烦。因为“我个人比较喜欢思考，反应非常快”，李立恒不乐意浪费时间与“思路不清晰”的人交往，“你跟他讲呢，他听不明白。我有个口头禅，不在一个频道上不要聊天，连认识也不要认识。”

他不再被朋友拉去看项目，他拒绝了四百多个会议、分享、论坛。王刚跟他说：“别干这个事了，那么累，一起去玩投资吧。”对于将车蚂蚁视作人生下一步大事的李立恒而言，这是个“损招”。

他希望与人沟通的主题以谈事为主，因为自己受不了闲聊这种沟通方式。“对方从人性的角度想跟你聊聊这个、聊聊那个，你说聊点什么乐子我不会聊。我就特反感那些人。事就是事。估计那些人觉得跟我配合挺难。”李立恒估计，不少有此习惯的高手因而没能加盟车蚂蚁，他与很多朋友的关系也淡了。

李立恒陷入了一种自恋的窘境。他自视甚高而主动陷入了沉寂，同时觉得很无助。作为创业者，他并未与投资人进行更多沟通。

出于合伙人的立场，以及担当创业者心灵垃圾桶以排解压力的角度，晨兴资本的石建明约李立恒聊天。但经验匮乏的李立恒把前者当成过去的领导一样与之相处。在中供，领导下达任务后可以承认自己力有未逮，但如果领了任务又满嘴都是困难，上级则会回一句“然后呢？”在力所能及的范围内克服困难才是铁军的应有之义。李立恒认为，与其招来一句“然后呢”，不如自己把所有事都扛着。

“正是因为我尊重他，他给了我钱，我不能够做不好，我得对得起他这份信任。我是一种好意，不想让他受累，他也很忙。放心，这个事我顶着，死不了。什么方法……我会有的。”李立恒说，他当时认为自己没必要把车蚂蚁有待转型的这些苦难说与石建明听，“说给他，好像我有什么目的一样。”

经过频繁的无效沟通后，石建明终于不悦地告诉李立恒：“我跟你无法沟通。”李立恒感慨道：“要不顺，什么都不顺。”

压力重重，李立恒吃不好，睡觉时常猛醒后睡不着，于是抽烟喝酒。他瘦了 20 斤，度过了创业以来“挺辛苦、挺累、挺失败、什么都不顺”的 2014 年。他对马云说的“创业有多孤独”等话有了体悟。

他还对前同事们说：“别抱怨阿里巴巴了，老马说的那句话真是对的。你是没干过（CEO）。这个话我现在体会到了，就是孤独到只能自己左手温暖右手，真的是这样的……创业就是一场修行，而且是孤独的修行，这份孤独只有你懂，别人都不懂……我比很多创业者都要累，这是自身条件导致的，我比别人要累。”

在陌生地方待上七八天，不接手机，也没人同行，如此多次闭关后，李立恒渐渐意识到了自己的问题所在。

他后悔自己拒绝了车蚂蚁与滴滴换股的提议，但不是出于利益上的考虑，而是觉得自己心胸狭隘地沉浸在个人的世界里，让公司错失了一个机会。“出行和汽车后服务可以有天然的捆绑，所以说我错过了。有些事你知道吗？错过了永远不会再有。”

他知道没有必要自视清高到让人有距离感。从 2015 年 1 月起，李立恒又开始积极参与各种投资、创业圈的聊天，并努力以投资人的身份参与其中。他相信朋友之间应有一定的利益挂钩，“否则不是朋友。哪怕（投资）不多，相互稍微意思意思，你最后出事，他会顶你，他会帮你。”

2015 年春节，石建明与李立恒卸掉除了“有故事的男人”以外的所有身份，进行了一次心灵沟通。双方明白了，过去的龃龉是发生在特殊时间段、特殊场景下的特殊情况。事实上，他们非常搭，而且都把对方当作自己很重要的人。

如今，他们是两家人在一起过年、吃年夜饭的关系。偶尔，李立恒会把自己茶树上收来的茶叶赠予石建明。李立恒去上海，若石建明也在，两人一定会见面聊聊。

蚂蚁车险

车蚂蚁的未来也被慢慢理通了。在一次美国之行中，李立恒发现若想把美国汽车协会（AAA）中国化，只需增加其保险产品的内涵，再将其模糊化，即可绕开保险牌照问题。他将交强险、第三者责任险等传统险种与不限次的事故维修、道路救援、事故出险代办等服务糅合成一种会员制服务包，“用户只要支付一笔钱便可享受到全年的车辆维保服务”。而且这是一个大市场：一个用户平均在一台车上的花销基本是车价的 10%–15%。

坚持从车险切入的逻辑是，如果要圈住车主，要先圈住汽车。李立恒说，这是化被动为主动。“通过上门保养卖个服务包，频次很低，不经常勾搭勾搭，他真的会忘记你。这种运营是等待，很被动，咱也不懂做营销，一点招都没有。但车是死的，你去不去（保养），1.5 亿辆车都摆在那里。车险就是锁定了他一年的一个消费品。他必须来，我管他几次，而且我先收了钱，有资金沉淀。我可不是拿到汽车后市场融资了，我是典型的金融 O2O 公司。”

李立恒的逻辑成立的前提之一是三大车险巨头的渠道体系里线下和电销的成本太高、效率太低。“渠道成本占整个订单额的 40%。”李立恒觉得车蚂蚁作为车险的互联网销售渠道的性价比更高。但他并不打算靠车险挣钱，所以，三大车险巨头可能愿意将车蚂蚁作为一个销售渠道来使用。

对用户而言，车蚂蚁提供了一个涵盖车险的整体汽车后解决方案。李立恒希望消费者感到便宜和省心：“你甭管这个车是谁给你修的，你也甭管是哪个店帮你修的。反正你支付一笔钱，我给你 cover（涵盖）一年内所有车的事，出问题你就找我。要赔，我赔你。我希望为用户提供更为优质的服务以及性价比更好的维保方案。”

对车蚂蚁而言，它使用了别人的标准化、刚需产品作为流量入口，向用户销售车险的同时搭售自己的服务包。与单纯的一年数次养护服务相比，这是一个高频服务。与卖配件相比，这是一个预付费生意，现金流比较好。

事故维修、道路救援、养护等糅合在一起的服务包由第三方供应商提供。对这些线下的门店而言，车蚂蚁是带来生意的渠道。若它们提供的服务不达标，车蚂蚁还打算先建样板店打磨好服务内容、流程等，再向线下业态输出标准。李立恒自认为:“这个打法有点像天猫、淘宝。我先帮你去导流，帮你把店铺搭建起来，然后我再去赋能你，你需要系统、软件，需要仓储、物流，我都帮你提供，就是这个思路。”

此番商业模式的改良在于，车蚂蚁还是做汽车后服务的平台售卖各类服务，但舍弃了原先让自己痛苦的庞大的线下体系，又找到了汽车后市场里最刚需和标准化的车险作为流量入口。

2015 年 6 月，车蚂蚁服务正式上线推广。一个月内在杭州签了数千名会员，在确认车险到服务包的转化率超过 20% 后，李立恒决定向北上广深铺开。大概一两个月后，笔者见到李立恒，听他描述车蚂蚁的未来是要做车后领域的 Uber。“我有用户和订单，就框住了车和车主。他们倒逼出租车，我倒逼保险公司。我自己没有一家店，我没有一个技师，没有一个配件，却可以做成全国最大的汽车服务商。等做到千万级会员的时候，这就是个百亿生意。”

信心十足的李立恒拒绝了一笔美元基金的投资。原因很简单，他对自己的未来十分自信。“你现在给我，我也不缺你这笔钱。再过半年，我的估值可以翻三五倍。”

又一个困局

但到了 2016 年，不对劲的事儿来了。对于掌握了海量信息的保险公司和4S店而言，车蚂蚁的存在价值不如预期，李立恒很难靠它们获客。预期中与保险公司的合作没谈成，车蚂蚁只好依靠地推去企业里打包几十台车的车险需求，再转去三大车险巨头采购车险。如此一来，确实得到了不少车主的信息，但这样的运营成本可不低。消费者愿意参与团购是因为车蚂蚁提供保养券、美容券等补贴。

而且消费者购买车险时一并购买车蚂蚁服务包的人并不多，也就是说，车险流量的转化率很低。车蚂蚁原先设想的转化率是 25%–30%，但事实上只有 13% 左右。服务包的销量不高，消费者的车真遇到事故时，就无法分摊车蚂蚁服务包的高昂线下成本。

最高峰的时候，车蚂蚁分布在四个城市里的员工数高达四五百人。一个月下来，车蚂蚁能获得 300 万 –500 万元的收入，但低于支出。如果能在单一城市里尽快获取 2 万用户，“这个生意是很赚钱的。它是个概率问题，毛利率能到 50% 以上。”李立恒不觉得车蚂蚁的模式不成立，但如果不能迅速获客，“就感觉这个成本太大。这事就是一个持久战。”

靠自有资金无法完成从 0 到 8 万（四个城市）用户的积累，那只能找 VC 要钱了。遗憾的是，从 2015 年秋天开始，O2O 模式遭遇资本寒冬，车蚂蚁以估值 3 亿美元的价格想融得 3000 万美元十分困难。

李立恒说不少投资人认可车蚂蚁，但不认可车蚂蚁的估值。有机构愿意投资，但条件是 Down Round（估值打折）①。还有投资人直白地告诉李立恒：“你也知道现在行情不太好，LP 压力也很大。我们基金就剩这么点钱了，我估计你也不太好融，要么你就拿一点是一点。”

---

① 俗称的流血融资，它会触发一系列对创始人极为不利的条款，比如极大地影响创始人对公司的控制权。

不管外部环境如何，大部分 Down Round 都意味着投资人不认可企业值创始人的要价。而李立恒认为自己也算是江湖上有头有脸的人物，他不接受车蚂蚁的估值太低。他认为资本市场遇冷便让创业者的估值减半再减半，“跟打劫有什么区别？你不能把这个风险，或者把市场环境不好的后果转嫁给我”。

他觉得这甚至不是面子的问题：“就好比两个人谈恋爱，我追你花了两年，天天这个、那个，最后你说‘兄弟，我不和你好’。你说这事是面子问题吗？不是，是情绪问题。你要么早说，我赶紧去找别人，你也赶紧去找别人，咱俩互不耽误。你早没给我讲。这是一个情绪，我不甘心。要不是赶上寒冬，（车蚂蚁）这是一个多么标准的 B+ 轮啊，你懂我的意思吗？很正常的一个事，我没要高（估值）。”

需要钱的时候不纠结估值、拿到钱最重要，这些道理大家都知道，但能把这个心坎迈过去的人不多。李立恒就是没迈过去的大多数创业者之一。

更何况拿到钱了，又该怎么花呢？李立恒认为车蚂蚁找到了流量产品，但没找到流量来快速获客。所以，在那时 Down Round 融资，意味着李立恒拿巨额股份、投资人拿钱去砸一个或许有效但终究太贵的获客方式。李立恒一则担心控制权，二则觉得未必有必要。也就是说，融资这事儿到底事关生死吗？计算后，李立恒觉得并非如此。“如果不拿这个钱，我好像死不了。”

他干脆不融资了。不知道从何时开始，李立恒此前拒绝美元基金的投资，成了他不好意思告诉笔者的一个错误决定。但他不认为谁能未卜先知地意识到资本寒冬的到来，他觉得以此沾沾自喜者都是事后诸葛亮。

他想找到一个新的获客方式来快速打开市场。如果成真，他不融资确实也可以。因为在李立恒的描述里，蚂蚁车险是一个现金流很好的预付费生意模式，只是一直“没有找到特别有效的能够起量的获客方式，这是一个核心”。

2015 年年末，杨浩涌离开 58 赶集集团创立瓜子二手车。他依靠广告砸二手车这个低频市场的成功案例给了李立恒启发。他思考自己是否也可以效仿，结论是不能。因为砸硬广（广告行业术语“硬广告”的简称）需要的资金量是一年 10 亿元左右，李立恒跟自己的 FA（财务顾问）商议了一下硬广的获客方式是否有人愿意买单，结论是“够呛”。

左不是，右也不是，李立恒进退失据，重温了一两年前的纠结、吃力和郁闷。更令人遗憾的是，2016 年下半年便意识到了问题所在，但李立恒并没有采取止损、裁员等收缩的手段。

他觉得回撤的成本更高。“从技术层面来讲，当你做一个策略、做一个决定的时候，我觉得没有百分之百把握，甚至没有百分之百的可能性，就不能做。因为你一旦开工，成本可不是几个人的事，你懂我的意思吗？一旦开工，你收回来的成本，远远比你开工的成本要大三倍甚至五倍。”

于是，车蚂蚁“拖着打了一年”。直到 2017 年七八月，李立恒终于决定砍掉获取线下流量的地推团队，专注于整合线下服务的交付能力。至于流量，他希望能跟天猫达成合作。这么一调整之后，车蚂蚁将只剩下几十名员工。这次裁员还闹了一出不大不小的群体性事件。

离开最重要的桌子

2011 年年底，口碑网被阿里巴巴关闭后，王永森被调往聚划算。他在这里做到了聚划算事业群的“大政委”，分管淘宝本地生活、淘点点、聚划算三个事业部，然后又被调往阿里妈妈担任“大政委”。阿里巴巴COO逍遥子（张勇）每两周一次的周会名单上有了他的名字。

“整个集团的‘大政委’就那么几个。七八个总裁，三四个‘大政委’，加一个CFO（首席财务官），那时候就我们一群人开会……混了十年，混到了最重要的那张桌子上。”王永森一方面感慨，一方面对诸多老同事选择的半退休——这个自己也有可能做出的选项感到不甘心。

他当年与陈国环搭档建设了北方新区，去重整过英国买家协会事件后的福建，还接手过干嘉伟离开后的广东，离开中供后又经历了数段人事上的震荡……“一个公司不同的阶段，不同的部门，集团、公司、事业群，我全经历过了。”王永森感到激情依旧。

同时他觉得自己看问题、理解业务、带团队的能力成熟了。“我这个人也是挺能打，这么多年我觉得所有人对我的印象都还挺好……这是一个男人的黄金年龄。”在自己最好的时候，王永森不甘心平庸。他希望通过创业来“寻找自己的精神世界，成就一个远大的梦想，让自己的人生过得更精彩一点”。

“精彩”的定义可以比照王永森的老东家阿里巴巴。“阿里上市那天晚上，我在淘宝。（仪式）结束的时候有一个片子，大概五分钟，讲的全部是阿里的客户。它只说了一件事，这家公司的成功是客户对你的支持和认同，大家一起携手成功……我特别希望一群人一起来做一件这辈子回忆起来很有意义的事情。它能改变很多人的生活，能帮他们的日子过得更好一点。我觉得还能有一个传奇或者什么的，挺好。”王永森知道这些话“有的人会信，有的人不会信，觉得很虚”。

该去哪个方向活得精彩？以淘宝为代表的阿里系电商的基础设施并

不能包打天下，在王永森看来，它本质上是对耐用消费品的零售体系的改造。而便利店、超市卖场等零售业态满足的是消费者对快速消费品的即时性的消费需求，满足用户随处可见、随时随地下单、随手可得的体验。王永森认为，电商模式改造生鲜和快消品的路径是不通的，需要的是另一套全新的基于 3 千米半径的服务消费网络的基础设施，市场空间恐怕也不会比淘宝小。

未来或许会如此，但通向它的道路该怎么走，王永森并不清楚。他只是觉得，这条路应该能走十年，甚至更长。时值 O2O 方兴未艾，王永森从一直琢磨的改造社区小店的供应链——系统配送找到了切入点。移动时代的用户（尤其是年轻用户）更懒，更乐于居家消费。以店为中心的传统社区零售店均不能满足这一需求，但它们作为配送点或仓储的话仍极具价值。

“有没有可能不需要门面，投入少一点，但是生意会更好？”王永森希望创立一家公司，让小店主减少在线下门面上的投入，将精力转向配送，至于年轻人喜欢的网红商品供应链、新用户的拓展和老客户的运营维护等事交给他们即可。

2014 年 10 月，带着一种应届毕业生离开母校的心情，王永森从阿里巴巴离职创立了闪电购。如同那个年代的大多数 O2O 公司，它显然也需要一支地推团队去攻克和运营起步阶段的 B 端供应商和 C 端用户。这支团队的人数很快达几百人。“这种领域的团队管理能力要极强，对我们来说，不是很困难，能够驾驭。”至于王永森并不熟悉的线上产品领域，则由其聚划算时期的老同事邬强强负责。

没多久，闪电购即获得了经纬中国、阿里巴巴创始人吴泳鸣的元璟资本的 A 轮投资。瞄准这个领域的人不仅仅是 VC 和创业者，2015 年 4 月，与闪电购定位大同小异的京东到家问世。中国二号电商企业的切入引起了王永森的密切关注，“心里面时刻关注大公司的动向”。

不过王永森声称自己并不发怵。他经历过阿里巴巴经营口碑网的末期，他知道，口碑网在生活服务业爆发的前夕成了先烈，表面上因业务布局过广和人事不顺，本质上是因为阿里巴巴的决策层不懂、也没精力去弄懂本地生活领域。而这是大公司无法避免的一点。

如今身份从大公司一方转为创业者的王永森认为，闪电购无须惊慌，最重要的是做好自己。“京东有优势，也有问题。（大公司）做事情很难，决策链太长，反应太慢……之前跟老陆（陆兆禧）汇报，一层一层下来很正常。创新公司快，力出一孔，绝对聚焦，在一个点上打。我们拼的就是这个时间点。”

至少从王永森自己透露出的数字来看，他实现了所谓的拼时间。在大约一年的时间里，闪电购声称自己完成了积攒了万家供应商和 500 万用户，日订单一度达到了 10 万单。在地推之外，闪电购还果断地建立起了数百人的物流团队，公司的员工数也迅速超过了 1000 人。在 2015 年秋天，O2O 泡沫破裂前，闪电购完成了 B 轮融资。

急功近利

笔者在 2015 年见到王永森时，他已经在考虑发展速度过快可能带来的问题。一般而言，业务上处于兴奋状态的团队很可能只看到了业务本身，只想到要用数字来证明自己。这时的团队不太乐于坚守底线，一如当年的聚划算团队。

“活在自己的骄傲里面……整天都在想业务，比较少关注事情的背后，比如一支年轻的队伍应该怎么去理解这个业务。”亲历了聚划算后期人事贪腐风波的王永森认为，这种事只能从源头掐住，管理层绝不能只关注业务结果，“得把这个队伍的正气培养起来”。

“我跟所有的 VC 讲，跟我自己、跟我的团队讲，这辈子只做这一件事情。这会导致什么呢？你做任何事情都不会太短期，不会只看一个月、两个月。这个时候你做决定反而好做，你不会太纠结。每天都想着订单，很容易团队失衡。”但王永森也表示，自己并不会因此过于理想主义。“我不会太理想主义，我对现实的结果抓得很好。什么人有资格谈梦想？活下来的人。在阿里，我自己觉得很受益，就是结果主义很现实，理想主义很高远。有的时候敲你一棒，你别太理想主义了；有的时候敲你一棒，你还有没有未来？这个我自己觉得一直都是平衡，平衡意识已经到了我的骨子里。”

一个对于理想主义和现实主义的平衡术颇有经验的人，会躲过“刷单”这个恶性潮流吗？王永森对笔者说，对于“刷单”的商家，闪电购永不合作，对于员工则主动开除、永不录用。“我们在三五个人的时候，规矩就定下来了，不该要的数字不去想、不去碰。”

知易行难，并不是知道了正确的道理，创业便会一帆风顺，犯过的错误也永不再犯。在一片高涨的业绩数字和行业环境的裹挟下，王永森眼睛里看到的是滴滴、美团、饿了么三年成为百亿美元（他语带夸张了，这三家并非三年便百亿估值）的榜样。与李立恒一样，但凡在中供有所成就的人都自信满满，“他都行，我自然也可以”的心理较为普遍。

所以，大概有一年的时间，王永森的绝大部分注意力放在了数字和速度上。“那时候跟团队讲，我们又要拿到一笔新融资了，我们现在拿到多少订单了，大家每天都是围绕数字和订单在讨论。每个月都在打仗，状态比中供还高压。因为什么都没有，没有品牌，没有钱……”王永森说，两年前见到笔者时，他的心态是急功近利和焦虑，“我浮躁，我急，急于成功，急于发展，急于拿到钱。”如同老东家一样，在理想落地的过程中总是会出现错讹之处。王永森的一位朋友笃定地告诉笔者，难以判断是否官方行为，但闪电购同样有“刷单”的情况。

直到 2016 年年初，王永森“踩油门”加速时发现，自己提到数字时，团队的眼神仍旧没有神采，他才意识到“一些不对的苗头”。闪电购是要做一个成功的公司，还是做一个有价值的公司？谈论数字是为了融资，还是为了满足用户的需求？用户真的喜欢闪电购的服务吗？闪电购配送的商品和时效令人满意吗？一扪心追问，王永森的答案是闪电购的用户体验“其实没做好”。

那么，闪电购的存在到底是为了什么？难道是 To VC？王永森当然不这么想。但他无法给出更好的回答。于是，王永森猛“踩刹车”。闪电购此前针对用户的补贴、品牌的推广等支出也开始缩减。他知道需要慢下来，“要打基础，要回到根本”。

从 B2C“退”向 B2B

公司的存在价值到底为何？王永森带着管理层和团队开始静下心来思考这个问题。2016 年 6 月前后，他们的结论是，若面向消费者，闪电购的存在是为了“让生活的美好想到即到”。但面向消费者的代价过于高昂，闪电购路在何方？王永森一边继续“踩刹车”，一边琢磨着未来。

并不是每一家公司猛“踩刹车”，都能承受住其反作用力。因为团队会困惑，士气会低迷，投资人会犹疑。闪电购能承受住是因为王永森此前的职业经历让他在“踩油门”时也不会忘记团队建设：“因为前面很关注团队，团队的心是在一起的。我们是同一类型的人，我找的是志同道合的人。大家会理解公司做的策略调整，猛踩刹车的时候没有翻车，这就是团队的重要性。”之前再怎么“踩油门”，王永森也毕竟是阿里中供系的第一代“政委”呀。

知道了正确的道理，创始人便知道及时回头。由于中供的职业经验而踩的这一脚刹车，让闪电购在社区 001 一度濒临倒闭、爱鲜蜂最终被收购等社区电商的灭顶浪潮中活了下来。

王永森回看那两年，觉得庆幸。“我为什么能活下来呢？是我比别人醒悟得更早，我们那一批创业项目几乎全死亡了。一样是犯错，阿里的这些经验让自己保持更强的警觉性，及早发现问题，快速地爬起来。如果没有使命、愿景作为底盘，你就会被大环境裹着往前走，你就会被移动互联网高速发展的车轮碾压，成为一具尸体。”

2016 年 8 月，闪电购完成了由阿里巴巴领投的 2.67 亿元 B+ 轮融资。2016 年 10 月，在阿里云栖大会上，马云提出了在 2017 年热遍全年的“新零售”概念。这打开了王永森的思路，没过多久，王永森决定转型，“不做 C 了”。

“让生活的美好想到即到”意味着流量、供应链、仓储、配送等漫长、复杂的全产业链条，这既贵又难、又重。王永森觉得“没有谁能这么容易打通整个链条”，而闪电购转向了 B2B 领域。公司决定利用自己在社区零售业的用户、供应链、配送等领域的数年经验，将之糅合成一套“成熟的移动零售解决方案”。它既包括作为便利店主管理工具的软件，也包括闪电购合作伙伴的淘宝便利店、饿了么的流量，还包括对接配送平台、营销工具等。

鉴于中国那几十万亿元 GDP 的构成中 B2B 和 B2C 的比例，王永森觉得新零售行业能撑起多家市值百亿美元的公司，随着直接面向消费者的零售企业的高速增长，“它会需要各种服务商，系统、运营、云，很多硬件、软件的服务商。”

但闪电购的使命并未改变。王永森还是希望“让生活的美好想到即到”，只是自己作为 B2B2C 的中间环节借他人之手而已。“我帮 B 来服务好他的客户。他的事情就是我的事情，只有他成功了，我才能赚到钱。我的使命的基础是帮别人成功。”

闪电购不需要烧钱了。王永森现在不用去做昂贵的市场推广、闪电侠配送团队、补贴用户了。在这一年时间里，闪电购获得了以世纪联华和美宜佳为代表的多家连锁商超的订单。闪电购似乎证明了自己的生存价值，它在可预见的未来有机会存活下来。

事后回看这次 2C 向 2B 的转型，王永森觉得堪称死里求生。2017 年 9 月，笔者在杭州再次见到王永森时，他身上的那种中供味儿的战场感觉已经消散。闪电购已经变成了一个偏向产品和研发的公司，团队规模从高峰期的上千人降到了数百人。

不面向 C 端用户，闪电购获得的关注自然会少很多。王永森勉励自己要耐得住寂寞，要想产业的终局是什么、自己在做的事情是 10 年期还是 3 年期。他说目前闪电购“最重要的是明确客户的需求。解决什么问题，怎样快速地去服务他们。然后更多的是做好自己的系统，做好自己的服务，做好自己底层的产品和架构设计。我觉得蓄力 10 年谋（新零售）这件事情，心里会慢慢变得踏实”。

王永森对自己现在的状态非常满意。“我能感觉我没有在追求做一个成功的公司，我在追求做一个有价值的公司。今天我没有焦虑，只是着急。我着急自己能力的提升、系统的搭建。我希望我的系统、运营和体系能够更快地帮助这些商家。我们在加速成长，在快速学习。这是我心里觉得越来越舒服的创业状态。”

一道选择题

2015 年 8 月，笔者采访唐万里时，回家吃饭已经与邻食、丫米、觅食等对手开始交锋，但没想到的是战争的结局。

与所有平台的崛起之路一样，发展初期大家拼的是如何获得最多的供应商以吸引买家，在这个行业即是说要获得最多的家厨。在这个领域，那些同行完全不是中供出身的唐万里的对手。

回家吃饭的地推团队最多时约数百人，在北京获取供应商的速度最高可达一个月 3000 家。2016 年年初，唐万里认为在他们超强的地推铁军和可观的补贴等多重打击下，回家吃饭在“北上广深杭”等核心城市里与其他家厨平台的“竞争结束了”。回家吃饭基本上等于家厨，而家厨也由于回家吃饭的持续存在至少成了部分人的就餐选择。

由于赢得漂亮，唐万里认为 2016 年的供应商数量达到 10 万家并不是太难的事。如果有 10 万家供应商，那么，年订单量达到 100 万也是可以预期的。唐万里承认，这是一个“追着滴滴去”的目标。

因为花了不少钱打仗，唐万里从 2016 年 1 月 1 日开始，一边缩减地推团队、降低补贴、节省开支，一边想着下一步动作应该如何进行。

根据汇总的用户投诉，公司的业务面临两个问题：一是单一城市的家厨数量够了，但是供应的饭菜种类不足，也就是比起美团、饿了么等外卖平台的供给而言差异化不足；二是配送太慢，这实际是所有外卖平台的共同问题。

那么，完成了 B+ 轮融资的回家吃饭是同时解决两个问题，还是一个一个来？谁先谁后？唐万里与天使投资人王刚沟通了多次，回家吃饭的其他股东也给了不少建议，他最终决定公司的资金储备只能解决一个问题，应先解决差异化问题。因为如果要解决配送问题，就意味着回家吃饭要在 20 元左右的客单价上亏十几元配送费。唐万里心想："（这么做）是不是神经病啊？"

于是，回家吃饭开始调整 App 的结构、展示、菜单等设置，挖掘、运营新品类的家厨供应商。但是，到 2016 年下半年，唐万里发现出了问题。回家吃饭在北京区域的成交总额（GMV）超过了 2000 万元，看上去可喜可贺，其客单价从原先的 20 元左右大幅攀升，但订单量、月活（月活跃用户数）均出现了大跌。另外，公司的全国家厨供应商的数量看上去无法达到 10 万家。2016 年，这个数字最终为 6 万家。

其中的逻辑是，由于家厨提供了差异化的较贵的菜品，回家吃饭又削减了对用户的补贴力度，导致不少用户直接放弃了回家吃饭！这个超过 2000 万元的 GMV 让唐万里"又开心又不开心"。他开心是因为公司将慢慢获得收入，他不开心是因为对回家吃饭这种旨在成为平台的企业而言，供应商和采购商即家厨数、用户数、订单量的上涨才是最重要的数据，它们才意味着回家吃饭成为平台的可能性。也就是说，回家吃饭在应该扩大用户规模的时候却不自觉地选择了一条小而美的道路。

回家吃饭的尴尬

这个如今看起来错误的选择的源头，笔者认为是唐万里对于共享家厨这个行业的思考偏迟钝。

共享家厨听起来美好、有温度，但从核心使用价值而言，其差异性并不足以支撑一个大型的垂直平台。如果你使用过回家吃饭就能得出这一结论。诸多家厨供应的菜品，与美团外卖、饿了么的供应商的菜品相比，在品类上并无本质区别。比如都有宫保鸡丁，无非是回家吃饭的家厨有耐心给你做成少油、清淡口味，食材或许更新鲜一些，但它还是宫保鸡丁。

差异性不足，便意味着回家吃饭将位于美团外卖和饿了么的阴影下。"我像个小树苗，突然长成一棵小树了。但我发现，我们旁边的大树尽管跟我不是一个品种，但他们的树荫已经太大了。"唐万里如此总结道，"我们是吸引了一批独特的供给方、独特的用户，但他们（美团、饿了么）是化肥灌得快，服务也越来越完善。他们的成长挺快，留给我们的时间很短。我们的供给虽有差异，但最终（大家）不会有差异性。"

越来越完善的服务主要是指配送速度。"（我们慢的理由）总是说要现炒，确实是现炒。我们提一个小时（配送到位），这已经达到极致了，但发现不行。别人（美团）已经把时间规划在半个小时了。所以呢，我没办法提速，别人就说我慢。"唐万里发现，2016 年年初自认为面临的两个选择，其实是一个选择——用户体验。而他没有抓住其中最刚需、最痛的点——配送。唐万里当然不是完全对配送问题不管不顾，但他心里很清楚，"做了和 all in（全力以赴）是两回事。"

当他得知 2015 年 12 月回家吃饭在北京有将近 2 万单，美团外卖也就10万单时更为懊恼。“所有的事情都不重要，就这件事情（配送）最重要。包括百度外卖、饿了么，我们都在这件事情上输给了美团。如果那个时候扎进去……一个平台要起来，确实需要天时、地利、人和。没有几十亿元的投入，平台公司想要做起来，其实是挺难的。”

如果唐万里在2016年1月决定把精力投注于配送上的话，笔者认为他在外卖战争中可能败多胜少。但起码可以一战，而不至于长成小树了才意识到自己是在别人的阴影下成长的。之所以认为会败多胜少，是因为要打赢外卖战争需要的资金量远超过回家吃饭当时的资金储备，而唐万里又没有掌握好融资的节奏。

在回家吃饭的资金储备还算充裕的时候，唐万里认为，2015年秋开始的O2O资本寒冬会在自己需要融资之前就烟消云散。所以，他觉得回家吃饭不需要新一轮融资，尤其是不需要Down Round（估值打折）融资。他告诉笔者，自己觉得应在“把现金流调好一点，业务做得更好一点的时候”再去融资。所以，如果回家吃饭要打赢外卖战争，至少需要两个要件：一个是用户需求，一个是融资。

第十章　经验

郁闷但不后悔

由于错过了窗口时机，回家吃饭即便意识到了问题所在，也不敢做太多大张旗鼓的改善之举。资本寒冬一如既往，公司仍在亏损，于是唐万里转而求稳。2017 年上半年，回家吃饭与达达、蜂鸟等第三方配送平台达成了合作。后来由于配送成本日渐上升，回家吃饭在望京、中关村等个别区域尝试自建配送团队。

两大外卖巨头“满 20 减 20”这种势大力沉的补贴战斗，回家吃饭避之唯恐不及。现在，不管唐万里愿不愿意，回家吃饭只能坚持在小众化的精品道路上走下去了。2017 年，回家吃饭先后推出了“匠人计划”“供给侧食材提供”等运营策略，旨在提高家厨菜式的差异化，并通过规模化采购粮油等基础耗材来降低家厨的运营成本。

2017 年 3 月，回家吃饭的客单价达到了 40 元。2017 年 7 月前后，这个数字变成了 60 元。唐万里说这个 3 倍于普通外卖客单价的数字，让回家吃饭在 App 月活（月活跃用户数）下降为 20 万、北京区域订单量下降为数千、活跃供应商约为 5000 家的前提下，仍旧保有一年大约 2 亿元的成交总额（GMV）、近 2000 万元的年收入，公司每个月的亏损额仅为几十万元。

按照回家吃饭的资金储备、稳定的业务形态、几十人的团队规模计算，唐万里认为公司再活两年没有问题。顺便一提，唐万里家族卤味企业的营收和利润如今都翻了一倍，而且唐父认为唐万里若继续经营，他们的家族企业会更好。唐万里当然不后悔。

只是回家吃饭和他自己，都没达到他期冀的状态。创业者总是希望能干一件大事儿，大部分创业者都希望自己能成为一方帝王，而不是某地的诸侯。唐万里颇有几分无奈地再次表示："其实我是不想让它到 60（元）。所有客单价高的事情，都不是特别大众……"

因为这进退失据的局面，笔者跟唐万里提起网易创始人丁磊的故事。2001 年年中，网易因财报疑点被停牌，再加上业务的长期不顺、公司的人事震荡，丁磊在愤懑、煎熬、委屈、无奈中请教步步高集团的创始人段永平出售网易的相关问题。段永平问他卖了公司之后要干什么，丁磊回道，再开一家公司。对此，《沸腾十五年》一书的记叙是，段永平笑了："你现在不就在做一家公司吗？为什么不做好呢？"

这故事的意思是，丁磊想逃，他觉得如果重新再做一遍，自己会做得更好。而段永平认为，他不如转换心态，就地出发。

有一段时间，唐万里也不知道能做些什么去挽回局面。2017 年年初，担心、郁闷的唐万里索性连健康都失控了，身高 1.70 米的他，体重竟然高达 190 斤。"由于没有控制好（公司），对自己都不控制了。"

不过，他在中供练就的抗压能力，让他不会沉溺其中。毕竟 CEO 没时间长期沉溺于负面状态中。他开始健身，将体重降到了 155 斤。至于回家吃饭，则可能会沿着差异性的道路走向家厨定制化。

自我认知

唐万里、李立恒、王永森在中供的经历有长有短，职务也各不相同，创业所选的行业虽细究下来也不一样，但其不顺遂的创业经历和背后的逻辑却有不少相似之处。

他们都是在中供证明过自己的人。这给了他们自信，也给了投资人信心。在合适的时间、恰当的榜样和氛围的感召下，在 2013 年下半年启幕的 O2O 创业浪潮中，中供系创业者蔚然成风。他们大多选择了那些业务推广偏重地推能力的项目，他们大多都曾在各自的细分行业里大出风头，大多经历了转型之类的业务调整，现在也大多进入了蛰伏期，直接垮掉的公司也为数不少。

大出风头之前和大出风头期间，本书前文已有详述。那么，为何结果不如预期?

归纳起来，笔者认为是认识自己的难度太大了。无怪乎苏格拉底将“认识你自己”作为其哲学的纲领。唐万里感慨创业之难：“很多时候都是极度难。容易的事情，肯定不是创业者干的。”

中供系创业者，或者说所有的创业者，要认识自己大概的优劣并不难，难的是认识到何种程度。比如你认为自己的劣势可能只是不如马云、马化腾的时候，你认为自己的优势足以覆盖劣势的时候，这些都可能导致一个悲剧的结果。自认为失之毫厘、谬以千里，其实是失之百里、谬以千里。

要在商业世界有所成就，需要有对商业机会的判断力、组建团队的领导力、强大的执行力、打磨产品的能力，等等。而中供系创业者擅长的只是其中一两个环节，虽然它在 O2O 时代里或许是最重要的能力，但也只是一两个环节。

如同王刚此前所言，在商业判断这个堪称从 0 到 1 的最重要的环节上，中供人确实欠缺很多。以成功企业家的标准来讲，他们的用户意识差，对行业的洞察力欠佳，这导致他们做判断时或者拍脑袋，或者偏差较多。中供系创业者也不是没意识到自己能力维度单一而导致的商业思考力差这个缺点，但他们很难通过寻找联合创始人的方式来弥补这一点，因为商业思考是 CEO 的工作，他们就是 CEO。

曾有中供创业者跑到北京，与王兴、张一鸣、杨浩涌等创业者聊了一圈后，才发现包括自己在内的中供系与他们之间最明显的区别是：后者对生意的理解更清晰。卫哲将之称为商业感觉，“比较全盘性的思路，怎么为客户创造价值，自己怎么挣到钱。”即是说，王兴、张一鸣、杨浩涌等人对如何赚钱、客户从哪里来、成本结构如何、生意规模扩大后的成本结构如何等问题更了然于胸。而中供系创业者有时候选择行业和机会时的逻辑性不强，可能会偏向于拍脑袋做决策。

这不是孤例。2012 年从阿里巴巴离开的罗炜巍创立了一家主营业务为出口俄罗斯的跨境电商，希望能抓住移动互联网的崛起机会。他融资了差不多 2000 万元人民币，用了两年时间，组建了不错的团队，但他处于超级巨头的“扫射”范围内，最终失败了。

“战略方向就是错的。方向的背后有三个层面：一是做电商平台，没有几个亿的启动资金是不够的；二是由于是跨境电商，运营链条特别长，需要团队非常强，同时，我作为 CEO 对海外和国内都应有充分认知，但这点也薄弱了；三是我们对于竞争的判断不够深刻。我看到了流量从 PC 端到移动端的迁移，但阿里和亚马逊一回过神来很快就把我们打趴下了。”罗炜巍觉得他们的执行力、激情、战术都非常好，可以打 90 分，但“徒有激情和执行力，这种战略的眼光，那时候是没有的。这场仗不应该去打，但自己去打了。”

2015 年时，王刚告诉笔者，李立恒也颇为后悔没要他的投资。“他上次见到我说：‘王刚，去年一年最重要的总结是，没拿你的钱是最大的错误。’”王刚把中供系创业者这种习惯说得更直白，“你知道阿里人出来找方向是非常多的，像无头苍蝇乱撞。阿里人又很主观，擅长激励，把自己激励了，再去激励团队。”

不擅长商业判断，自然会影响对用户需求的洞察力，进而做出错误的产品改进方向。唐万里便是在回家吃饭需要改进产品的用户体验时，在要不要先做配送的抉择上，做出了错误的判断。

学习力

唐万里对自己商业判断方面的成长不足，露出了懊悔的表情：“这个跳板，我没有完全跳上去。我是有机会的，像我们（年轻人）完全是有机会的，但我就是不知道问题出在哪儿了。我觉得还是视野问题，其实不是说你跳不上去，也不是说你没有能力跳上去，而可能你只是模模糊糊地知道要往哪里跳……”

王刚当初就是觉得思维活跃的年轻人有可能跨过中供人思维僵化、能力维度单一的限制，才投了一批年轻的中供系，并认为自己可以在商业判断、产品打磨、对接早期 VC 上帮到他们。但副驾驶（天使投资人）和驾驶员（创始人）的视角未必一致，看到的风景也未必一样。唐万里说自己跟王刚等股东沟通过很多次，“但是最后做决定的还是自己，他们顶多给个建议。”

训练商业判断的最佳方式就是试错。王永森觉得在阿里巴巴干一年等于在别的公司干三年，而自己创业一年，等于在阿里干三年。“从来没碰过那些东西，融资、品牌等。团队也是从无到有搭建的。每一个问题扑面而来，没有人替你扛，你自己要去扛。”

李立恒回想创业那段时间的经历，真心体会到了什么叫创业维艰。“有时候什么都不想说，也不愿意去想；有时候你特别想说，恨不得把你所经历的告诉所有人。这种状态很痛苦。但是当你冷静下来之后，还是不由自主地去想一件事：你为什么没做好，哪里出了问题？坦白说，但凡我有时间和精力，我都会想这个问题。逻辑上说，你成功了，一定是干对了什么，没成，一定是没干对或没干好。虽然不像其他创业者项目失利后会写万字长言（总结），但我内心里需要一个答案。要知道，这个过程如同侦探破案一样，很难，也很煎熬。”

当创始人实际体验过这一遭后，其商业判断会达到一个新的台阶。只不过创始人不同于员工，经此一试，创始人会损失很大的机会成本，投资人则可能会损失 LP 的钱。

“想去训练，但你发现在训练过程中你是需要时间的。”唐万里知道那就是最大的成本。他觉得自己应该早意识到回家吃饭将被笼罩在美团外卖和饿了么的阴影下，但意识到的时候已经晚了。

李立恒告诉笔者，他觉得自己还是太年轻。如果他早知道资本寒冬会这么长，他当初会接受投资人“拿一点是一点”的建议，毕竟“活着总比什么都重要”。李立恒承认自己在流血融资（Down Round）这件事情上不够冷静，“我是一个情绪化挺严重的人”。

程维也经历过以上挑战，但他快速越过了这些挑战。刺激源和被刺激者的最大差距是学习能力。王刚觉得滴滴能有今天，首先还是因为程维的学习能力强。高瓴资本创始人兼 CEO 张磊也对程维的学习能力啧啧称叹："每一个季度见他，他的进步都非常之大。这样的人，你说不投还能怎么办，必须得投啊。"

因为学习能力强，所以可以实现自己的快速迭代，进而推动企业往前走。卫哲在北京见程维时，有三次都见到了滴滴最高级别的十位高管。每一次，这十位都不一样。"跟程维共同打天下的阿里校友，高管的比例越来越小，越来越小，从一开始七八个到现在两个。"卫哲感慨道，大家都知道程维有柳青，但程维不只有柳青。

没必要痛心疾首

进化不够迅速、商业判断差、产品薄弱会带来一个颇为致命的附加效果，中供人创业时会有意无意地追求过去最熟悉的战场感，那是他们的舒适区。唐万里告诉笔者："我觉得我们适合竞赛。你看中供 B2B 的创业者，只要在打仗的时候，都表现得不错。其实，很多公司都是这样，打仗的时候会有方向。"

但一场错误的战役很可能会把公司拖入僵局。回想起来，李立恒认为自己当初不应该从杭州向其他城市扩张。当初杭州市场有 20% 的转化率，很可能是在杭州市场规模不大的前提下，车蚂蚁团队的精兵强将和各种资源投入精耕细作的结果。换言之，由于样本量太小，杭州市场的转化率数据其实不具有参考性。但李立恒没有细查数据，"过去职业经历有些影响力"的他自然而然信心十足，再加上启动会时团队们激情澎湃得像“疯掉一样”。李立恒一看，“可以嘛，信心十足”，随即启动了日后让自己痛苦万分的扩张大战。

卫哲曾在一次演讲中总结过阿里中供系创业者的这种毛病：“没有看到我们阿里系的同学创业，在对原来的方向进行调整的时候，有这么明确清晰的规划，或者说只看到改变的优点……很多人告诉我当初定方向时考虑了最少几个星期，换方向通常考虑一天或两个晚上，或者一个星期。”卫哲认为，这种习惯再结合中供人超强的执行力，会让公司在换方向的时候因力道太猛而导致翻车。

卫哲对中供人商业感觉差的劣势了然于胸，他觉得中供人如果转行创业还有一番成绩，那他的商业感觉已经达到了“绝对好”的程度。做了几年天使投资人，王刚甚至觉得，其实很难训练一个人判断商业机会和产品能力。

投资滴滴时，王刚也投了一位前部下的项目。但这位前部下并未适应 CEO 的角色，其产品思路不对，缺少互联网的感觉。王刚在他身上投入了比滴滴程维还多的精力去辅导和沟通。“没有用。我每次去（沟通）都很痛苦。真的！”王刚说自己由此学到了一个道理，“CEO 的基因决定公司的基因，如果 CEO 不是那个基因……”

但大部分中供人谈到他们在 O2O 这一波创业潮中大部分阵亡时，那一副痛心疾首的表情，或者觉得中供这波人还是不行的神情，完全没必要。或者说，他们之所以会有这种判断和神情，是他们太高傲了。他们觉得自己应该在创业这件九死一生的事上取得睥睨天下的成功率，这还是太高傲了。

作为创始人，我们可以想想王刚，从雅虎时期打开了他商业世界的“天眼”，到支付宝时期的不怵于理解任何行业的层次，经历了足足五年时间。说到底，每个起点处的创业者都有自己的优劣势，高屋建瓴者很可能执行力不足，融资能力优越者可能风险意识差，产品能力卓越者可能布局能力差，技术高手很可能管理能力几乎为零。优势便于他们获得融资，进入创业状态，也可能导致他们故步自封。但优势仍然是优势，不是劣势。

作为创业群体中的一员，可以想想其他互联网帮派的出产率和成功率。阿里中供系能诞生出滴滴这样的中型巨头、同程这样的旅游业巨头、运满满这样的物流业新星，已经殊为不易。

不过，讲都能讲，但知易行难。

“江南土财主”觉醒

王永森、唐万里、李立恒面临的问题，创业多年的吴志祥都已解决。但他在 2013 年遇上了一个性质类似的难题。

那时 PC 互联网的流量已经式微，竞争也十分激烈，但吴志祥坚持 SEO（搜索引擎优化）之路。他想：“那就研究啊，往死里做，一定能把油水榨出来。”同程开始拼命了。如果同行 17:00 下班，那么，同程的员工就研究如何投放关键词直至 24:00 才下班。春节期间，同行都放假了，同程不放假，他们要趁着市场空隙加劲儿研究搜索引擎的关键词。百度推出了各种变着法儿挣品牌商钱的方案，同程也全部跟上。最终，同程精细化运作到了按小时去投放关键词，以寻求最靠谱的转化率。

但这都没用。2013 年下半年，同程每个月的净利润额都在下降。到

2013年12月，同程亏损了大约1000万元[①]。要知道自吴志祥等人创业以来，除了个别转型期外，同程没有哪一年不赚钱。当月亏损这件“不可能的事情”让同程的联合创始人感到“有点傻、有点懵”。

亏损意味着他们把命都搭进去的PC互联网确实过气了。移动互联网才是未来，而只投入了一位员工的同程事实上对此没有布局，很可能被时代甩下。再加上梁建章回归携程后一改温文尔雅，开始大举进攻旅游业同行，还放话要发力景点门票灭掉同程。

于是，吴志祥看着携程又是发动媒体战，又是大肆挖角同程员工，心情变得无比糟糕：“你看我们为了上市已经准备了三年时间，为了上市我们吃糠咽菜，为了上市我们盘剥自己、盘剥员工，为了上市我们让腾讯投了我们的对手，付出这么多，最后是这个结果。你追了三年的一个女孩子眼看就快到手了，突然人家告诉你，她跟别人了。

我们本来是一个能挣钱的人，现在变成了穷光蛋，连挣钱也挣不到了。这个事情从内心来讲，实在很难接受。而且进入B2C以来，最大的恶梦（携程）也终于变成了现实里的恶魔。公司怎么办呢？我们爬了一次黄山，（我）跟大家讲，可能干不下去了。我当时的心情很郁闷。”

最强刺激源的出现，让投资人、朋友等之前反复劝诫吴志祥的话终于发生了作用。吴志祥加速意识到，原来同程一直生活在一个自认为同程很牛的小地方，并不知道外部世界的广阔和评价体系为何物；原来干嘉伟说自己是“江南土财主”是对的；原来自己是按照传统企业的思路在经营一家互联网公司；原来腾讯投资部对同程一门心思要上市评价

① 2013年同程的年营收超过9亿元，净利润超过4000万元。但吴志祥就是因为一个月度亏损而懵了。

为“不可理喻”是对的；原来腾讯投资同程后反复宣讲的“上市没有意义”“不要着急，应该追求公司价值”等话是对的。

原来是吴志祥自己无知，原来吴志祥曾经把券商所言奉为圣旨、一门心思挣钱、志在敲钟等判断，“都是错误的，这都是错误的。但是当时我们就是一个在苏州的封闭的环境下，成长起来的互联网公司的真实写照”。

将吴志祥评价为“江南土财主”的干嘉伟，也不认为是同程创始人的能力有问题导致他们做了不少错误的抉择，“在苏州那个地方，成长有限。”吴志祥回忆起腾讯敲打下的同程该去往何处，“腾讯（在董事会上）告诉我们，你们再不干移动互联网，就一点戏都没有了。我一开始没听懂，讲了三遍就听懂了。”

显然，“可能干不下去了”等言论不过是一时之言，同程创始人的抗压能力没这么弱。张海龙、王专、吴志祥等人认为“当外部市场环境有一个巨大机会到来的时候，还要去上市，那就真的是想做个土财主，那是愚蠢。”

作为创业多年的老手，吴志祥在切换公司方向时并不像新手那样想个大概就抡起袖子猛干，他们是谋定而后动。旅游业市场格局该如何演变？同程应该向哪里去？结论是：他们觉得自己应成为 BATC（C 代表携程）中 T（腾讯）在旅游业的代言人，“腾讯在旅游方面最有战斗力的部队”。

要达成这个目标，同程需要在市场上融到最多的资金——那时便计划了 5 亿元、20 亿元、60 亿元的融资节奏，去找来最牛的人才，“自己这帮兄弟们的薪水也加上去”（吴志祥语），然后拿到移动互联网的门票。

已经被漫长却不见终点的上市计划磨去耐性的同程核心团队，投票选择了烧钱打仗，放弃上市。

同程出击

被地域限制住的商业判断力既然得到了修复，那么就到了谈执行力的阶段。中供出身的吴志祥很擅长这一点。同程召开了宣誓大会，由“政委”[①] 动员全体员工表态，公司要转换风格。然后便是如同中供一样的战场动作：布置任务和目标，负责人签责任状，在敲锣打鼓声中领军旗。之后，同程整个公司就像上了发条一样开始行动起来。

“阿里那一套打法在我们公司是有痕迹的。我们这套东西，我认为跟阿里基本差不多。”虽然吴志祥早已离开阿里中供，但他观察了很久，还通过“一帮弟兄”聊了很多。“我们的‘政委’跟很多阿里的‘大政委’聊，比如张卫华。我甚至说我们有一部分做得比阿里还好。”

从 2013 年 12 月开始，同程面对携程的进攻拒绝“装孙子、不敢发声”，公司开始写公开信、开发布会回击竞争对手携程和途牛。由于其业务和团队坚韧、财务数据良好，同程陆续获得了腾讯、前竞争对手携程、万达等投资方 90 亿元投资。

既然烧钱打法是奔着移动互联网门票而去，那么，同程占主导地位的销售文化便需要调整。此前同程的产品该如何设置，功能该如何取舍，是业务线说了算。用吴志祥的话来说：“业务说这个页面里放这个按钮，研发人员就把按钮放在上面。我们当时没有产品经理的。我们之前对产

① “政委”这个角色也一直存在于同程。

品（的态度）是差不多就行了。”但业务代表的是客户，而非用户，他们并不那么关心用户体验。

首先应该转变的人自然是 CEO。吴志祥通过深入接触腾讯，接触马化腾和张小龙，直观感受到了腾讯何以成为腾讯。一日凌晨，马化腾给吴志祥发微信，提醒同程机票的预订流程和颜色不太合理，“体验是不是有点小问题，你们要不要调一调？”吴志祥大惊失色：“这是什么公司啊？这么牛的情况下，Pony（马化腾的英文名）还天天趴在那儿看产品，而且那么多事情不去管，你盯着我的火车票、机票干什么？你盯着按钮的颜色干什么？真的把我吓死了。”

“不需要口号，没有运动，他们（马化腾、张小龙）每天趴在那边看每个用户的体验，这样就可以创造一个 3000 亿美元的公司。我以前觉得那些东西（产品）都没用，其实那些东西是有用的。”吴志祥不禁思考更深入的问题，“我要去想，公司是谁说了算？这个功能到底放在哪里？谁说了算？用户体验谁来关注？这个对我的内心冲击非常大。我们终于知道，用户、产品这个理念很重要。腾讯投资了我们以后，我们公司才有了真正的产品经理，才有了产品经理文化。这是腾讯对我们最大的帮助。”

吴志祥开始在公司内努力推动用户体验和产品经理的氛围。同程将员工送去腾讯体验，腾讯的产品经理也前往同程做相关培训。由于中供血脉执行力的存在，同程的调整速度相当快。吴志祥说同程迅速完成了销售向产品的氛围的切换，“我们同时也有了一支很优秀的产品经理团队”。

而且包括产品经理在内，被盘剥已久的同程员工的工资纷纷大涨。“上市上不了了嘛，那就涨工资！一年涨三次。”吴志祥说，同程的工资涨幅大到同事担心："这个钱，公司会不会再要回去？"

工资算是小钱。通过一元玩景点、十元度周末、百元游世界、线下布局 200 个城市等声势浩大的扩张行为，同程进入了大规模烧钱的阶段。"一个月，同事们都改变过来了。太容易了，不就是烧钱嘛，冲流量，冲 GMV（成交总额），冲日活（日活跃用户数）。"吴志祥认为，烧钱也有辛苦之处，"但是整体来讲很容易。"

四分天下

在 2014 年下半年，同程 App 的用户量和下载量从此前的大约业内第 15 名跃升到了第 3 名，出境游业务的体量也翻了三四倍。2017 年 6 月，笔者见到吴志祥时，同程算是达到了他当初的预期，即拿到了最后一张移动互联网的门票。

"我们没被干趴下，留下来了，还能坐在桌子旁边玩。在渠道端，我们至少是四分之一天下吧。在腾讯（旅游版图）里，我们是非常重要的力量。"吴志祥对此既觉得庆幸，也感到遗憾："我只是没被甩下去，但是我没成为第一。我为什么没成为第一？我要做到流量端第一名有非常大的挑战——携程毕竟有这么多年的积累，但不管怎么样，我没烧成第一。程维为什么成了第一呢？美团为什么成了第一呢？我们团队也在反思。如果烧 100 亿元，我有没有机会成为第一呢？我觉得应该反思一下。"

随着移动互联网用户红利的见顶，继续烧钱便意味着资金效率的降低。从 2016 年下半年起，吴志祥便在内部不断释放同程是时候重新回到赚钱的轨道、回归商业本质的信号。在同程集团 2017 年的成交总额（GMV）将达到 1000 亿元的前提下，吴志祥把集团 2017 年的目标之一定为“挣一块钱”。

“如果集团挣不到一块钱，从我开始，月薪直接降到十分之一，（职级）越高的干部降得越低。但不是说靠大家降薪来挣钱，而是要让大家有挣钱的意识。在高速扩张期，我们是不太考虑投入产出的。”吴志祥说，他们这次转换目标还是使用了宣誓大会、军令状等“政治动员”的方法。“现在每一笔投入都必须搞得很清楚，每一个环节都要下功夫。你的投入有没有产出？无论是用户体验的产出，还是现金利润的产出、项目估值的产出，都可以。如果你这一天或者你这一分钱没有产出，你就要反省，再没有（产出）你就得滚蛋。任何一笔没有必要的投入，我们都要把它灭掉。”

制定一个清晰可见的目标——比如“挣一块钱”——可以调整团队的方向并增强凝聚力，马云在创业早期曾多次使用这一方法。吴志祥承认自己在模仿马云，他觉得：“也许我们这一块钱的格局跟他的格局还有很大的差距。马总是十几年前说的一块钱，背后是一个无比庞大的布局等着他。”

在这个目标下，2017 年年末，同程旅游交出了成绩单，整个集团总交易额超过 1000 亿元，服务人次超过 5 亿。旗下两大板块同程控股和同程网络，其中同程网络的净利润接近 5 亿元，并于 2018 年和艺龙旅行网合并为新公司“同程艺龙”；同程控股旗下的同程旅行社集团等板块也完成全年目标，预计在 2018 年取得盈利。

同程要“挣一块钱”，其背后的布局则是从一个渠道性质的平台公司，拓展成为一家综合性的旅游生态平台。我们可以将之理解为，作为中国旅游业四大流量平台之一的同程，想获得更多的流量，希望把自己的流量转化到旅游业的多个细分行业上去。

以此为目标，同程战略投资了号称中国民宿第一品牌的花间堂，成立了同程金服和同程文旅，同时还努力希望拥有自己的航空板块……

“我们今天挣了一块钱，可能只是在中国旅游行业里面的一支重要的力量，没有办法做成世界商业史上的奇迹。今天有一个叫同程的公司，它一年可以服务5亿人次，它有没有机会变成一个旅游集团呢？我认为我们至少敢去想一下，对吧？这个决心我们是要下的。”吴志祥相信同程不仅仅是下决心而已，“成为在中国和世界旅游行业里面一支越来越重要的力量，这个我觉得是可以做到的，要让我们的同事体现出更大的价值。他们大部分人赚过钱，也烧过钱，打过胜仗，也打过败仗。我认为他们绝大部分人还有更大的提升价值的空间。13年创业，我们无比深刻地体会到，人是创业中最宝贵的资源……下一个10年，发现人、激发人、成就人将是同程平台战略最重要的工作。同时通过我们的存在和我们的服务，真的期望让更多的消费者感受到旅行的便利和乐趣。每一天，我们做的每一步其实都是在往这个方向努力。最后呢，能给股东回报，我相信肯定可以做到。”

第三部分

尾声——并非终局

无论是做 COO，还是去创业，中供系都有了阶段性的句号。结果，最多人选择的是在有钱有闲的前提下，可能是最好的职业——投资。这是一份既能让你感知并且参与世界的变化，同时又不会太累，生活和工作平衡的颇为写意的职业。

离开阿里巴巴的人在经历了幻灭、心痛、解脱、麻木、怨怼、无所谓等情绪后，多数人颇有大彻大悟之感。他们知道，缘尽于此。他们未必能完全理解马云，但都认可和感恩他。人不会再回阿里巴巴，但是很怀念。

站在今天回看中供系的历史地位，笔者觉得最到位的评价就是奠基者。是他们成就了“阿里人长于运营”这一判断，马云也认为“没有 B2B，就不会有阿里巴巴（集团）”。如果不了解中供的人、事、物及其演变，你就无法全面到位地认识阿里巴巴的崛起。

但他们只能是奠基者。传统经济领域若要尽快学会使用先进工具（无论这个工具是 IT 还是互联网），依靠销售员手把手地传、帮、带是个更高效的选择。但在同一商业模式下，以地推能力获取客户和用户自有其上限，手工团队必然也必须被自动化系统所替代。而且，他们作为人力所能释放的产能，与出生时便为自动化机器系统的淘宝、QQ、微信、Google、Facebook 等相比，不可同日而语。所以，他们虽为奠基者，领衔的业务却不是阿里巴巴这个生态系统的基石。

第十一章 中途

干嘉伟再顶一顶

以常人的眼光而论，无论是那些出去创业的人，还是去做 COO、VP 的人，都过得太累了。他们自己也不否认这一点。

干嘉伟当初接受王兴的邀请北上时，已经考虑过人生的下一个阶段。他可不希望苦哈哈地干一辈子，他希望能去环境好一点、安静一点的地方多陪陪家人。为此，干嘉伟已经着手办理移民手续。考虑到互联网公司期权的行权期一般为四年，干嘉伟告诉王兴和家人："我肯定干不满四年。"

待美团坐稳团购老大的位置后，干嘉伟正式向王兴请辞。但后者那时已不满足于美团在团购行业的地位，王兴思考的是在互联网 + 的大背景下，美团应站在中国的什么位置。干嘉伟知道王兴的志存高远和对人力的需求，更何况"公司像小树苗一样，看着它一步步成长，越干越大，竞争一直那么激烈。还有很多人是奔着你来的。怎么办？"无奈之下，他接受了王兴"再顶一顶"的回复，继续在北京租房子，继续留在美团。

这一顶就到了局势骤变的 2015 年。这一年年初，大众点评以收购孩子学为筹码之一，获得了吕广渝的加盟。吕广渝在 2015 年对笔者说，自己从孩子学的创业经历中收获颇丰。他觉得自己的人生体验更进一步之外，自己对商业的理解也得到了更新。与之相比，他的一些老同事对投资、对新商业模式的理解，“太表面，太粗浅了，讲的东西没在点上”。

完成自我革新、干嘉伟眼中“又草根又洋气、气质更儒雅一点”的吕广渝不负众望，让团购业的竞争格局再度扑朔迷离起来。

针对大众点评当时追赶者的市场地位，吕广渝采取了四两拨千斤的竞争策略。大众点评以高额的市场投入补贴客户，迫使客户数更多的美团不得不跟进，进而造成了美团失血量超过大众点评的局面。

“光脚不怕穿鞋的，这个策略很聪明、很有效。当时的美团确实很被动。”干嘉伟告诉笔者，除了补贴外，吕广渝在显著提高大众点评线下团队的层次，“此前（大众）点评的线下团队，其实只是在一般公司里算做得还可以，相当于是业余选手里做得不错的，而我们是职业选手，这个差距是蛮大的。Michael（吕广渝）去的那段时间，确实让大众点评的线下团队发生了很多积极的变化、很大的变化。”

曾给大众点评做了一年线下团队培训的张卫华感慨，一个关键岗位的人对一个企业太重要了，“你会发现如果没有一个强有力的人进去，大众点评根本不可能跟美团分一杯羹……等了那么多年，等到了吕广渝去，某种程度上才让大众点评经营这么多年的价值最大化。”

格局的变化还不止如此。2015 年 6 月，阿里巴巴与蚂蚁金服宣布斥资 60 亿元重新杀入这个市场，定位于本地生活服务的转型与升级。这次，陈国环也颇感可惜，“有点晚了，要是 2009 年、2010 年我在的时候搞，早就搞得风生水起了，哪还有什么 58 同城、赶集？”张卫华则对阿里巴巴再进入 O2O 时的人力匮乏感到可惜，“派了一个三四线的大将。这些人不如我们，在中供时业绩都做不过我们。面对今天市场那么大的挑战，怎么去创造业绩？而且是跟阿干打，怎么打？”

干嘉伟更关注的对手是另一个入局者——百度。这一年，百度宣布将携款 200 亿元加入美团与大众点评的战争中。

作为提高公司经营效率和应对百度竞争的一种可能性，美团内部讨论过数次与大众点评合并的前景，结论是合并的好处居多。但美团拿不准合并的核心问题——主导权与价格——会走向何方。于是，这个单方面的内部讨论一直处于引而不发的状况。干嘉伟相信，大众点评方的情况大同小异。

合并

在双方一边融资，一边内部讨论，一边打仗时，最后一个变数出现了。2015 年 9 月前后，O2O 资本市场的行情急转直下。忽然，每个投资人都对这个需要补贴、应用场景不清晰、相当多细分行业的服务频次过低的风口锁上了钱袋。美团的投资人认为，你们如果能完成融资，那就可以继续打，既然大环境不好，都这么困难，何不坐下来谈谈。

鉴于此前双方已有过充分的内部讨论，大势所迫下，双方很快达成了合并的方案。国庆期间，王兴、王慧文等美团高层给干嘉伟打电话通报合并的消息，干嘉伟的第一反应是自己终于可以离职去过家庭生活了。“太好了，有接盘侠了。”

但是，吕广渝并未接盘干嘉伟。基于团队规模、负责人就职时间等因素，整合两个公司线下团队的人选非干嘉伟莫属。干嘉伟自己也承认这一点：“所谓人在江湖，身不由己。有的时候，你不仅仅是为自己干，为家人、同事、朋友都很正常。那就继续干吧。”

交战双方的合并，首要考虑的便是团队的情绪问题。干嘉伟认为，需要双方都放下对彼此的抵触情绪，试着接受对方。而干嘉伟作为线下团队的负责人，要避免的是摆出胜利者前来收编失败者的姿态。

“我什么人也没带，一个人去的上海。”干嘉伟说，“（我）和吕广渝一起宣布合并、分工。差不多就是我刚才讲的这些。我做事的原则是，跟团队讲真话就是对的。要是讲假的东西，回头要付出十倍、百倍的成本去圆回来，而且肯定圆不了。开完会，Michael 就去忙他的事了。”

干嘉伟与大众点评的大区经理们在酒店里就新美大该如何划分那些重叠的大区展开了讨论。干嘉伟认为，原则是人多力量大：“合并之后，大区经理比以前多，这不是一个坏事。因为两家公司过去发展得都太快了，很多管理人员都是火线提拔。他的管理范围什么的，可能超出了他的能力，这是两边都普遍存在的情况。那我们把它切细一点。原来一个区域经理，可能要管 10 个城市，合并之后，就算两个区域经理完全一样，那一人管 5 个，工作就可以做得更精细了。”

如果一个区域无法切割，而美团和大众点评过去均有该大区经理的人选，那么，该选谁出任新美大的大区经理，就成了一个十分敏感的问题。比如，双方都有上海大区经理，那谁来出任新上海大区经理？干嘉伟丝毫不打算采取和稀泥的折中主义，他认为这个选取标准事实上是现成的。“客户更认可谁，谁的业务、团队质量更好，就让谁负责。我从来不绕弯，你好就好，不好就不好。”

讨论了两天，待大众点评的大区经理基本认可干嘉伟的划分原则后，美团的大区经理们再前往上海，讨论具体的隶属关系。如果说大区经理们更多的是关心自己的管理半径，那么，一线销售则想的是客户划分、提成收入等更现实的问题。

“（大众）点评在那个发展阶段，给的提成比例会更高一点。他们在很多二三线城市里处于劣势，所以需要更多的资源去报销和补贴。一个大方向，我们要把提成比例降下来，否则合并是没有意义的。合并是为了效率更高，为用户和股东创造更大的价值，但这肯定要有一个过程，尤其是针对大众点评员工而言。如果直接搞成跟美团一样，那就是在赶（大众）点评的人走。这是一个动态的过程，既不能一刀切，又不能养懒人。”干嘉伟说。

整合

这些现实问题，因为双方合计 2 万左右的线下团队、100 万以上的客户数、大约 70% 的客户重复率而显得尤其复杂。

“客户对销售而言，就是他的钱嘛，就是衣食父母。那一个重叠的客户，归谁？双方的大区经理得一起发表看法。比如上海这种犬牙交错的市场，怎么分？说白了，就是打散，大家把客户全部共享出来，然后再按照业绩重新再分，人也要重新分区。原来跑黄埔和卢湾的，现在起，大众点评的跑黄埔，美团的跑卢湾，我把卢湾的客户给你，你把黄埔的客户给我。但问题是我们的人太多了，而且，我交出去的卢湾的客户价值可能 30 万元，你交出来的黄埔的客户价值可能只有 10 万元，那怎么平分？那我就在其他地方再找补。还可能出现的情况是，卢湾的客户的产出虽然只有 10 万元，但是我觉得这家客户刚上来做，成长性高，而且我跟老板关系好，那凭什么我不跑卢湾，去跑黄埔？”干嘉伟说，无法做到百分之百的公平，只能在技术和人力能达到的前提下尽量保持平衡。

“两边的 CRM（客户关系管理）系统要打通，客户要能归结为同一个客户才能进行下去。因为两边数据库的写法不太一样，甚至同一家客户在两边的名字都不一样，多一个字，少一个字，而其实是一个客户……系统的开发过程中有一些 bug（漏洞）。销售会说，这个分错了，我的地分到别人那里去了。要知道，地没分好，销售就没有办法干活。因为这块地，有可能是你们家的，我怎么会去浇水呢？我肯定不会去。”干嘉伟在北京、上海两头跑了几个月，这项复杂的梳理工作才走上正轨。

如果说梳理过往数据、调整组织架构算是接骨，那么，消弭双方的对抗性情绪才意味着血管里的血液开始流通。这又是一个拖延干嘉伟“挂冠”而去的工作内容。

“（大众）点评的人总觉得，合并前我们的势头很猛，如果不合并，我们可能已经反超你们了。美团的人觉得，合并前你们已经在错误的道路上蒙眼狂奔，再晚一点合并，你们就掉下悬崖摔死了。你们这么亏损，这么补贴，钱马上烧光，你们就 game over（游戏结束）了。”干嘉伟很理解双方的情绪，毕竟双方拼斗多年，都“妖魔化”过对方。

干嘉伟的处理原则仍然是有一说一。“美团要认可（大众）点评做得好的地方，Michael 去的那一年里，（大众）点评的整个团队发生了非常明显的变化，有很多积极的变化。这个给我们的合并打下了很好的基础，让当时的美团陷入了被动。但也确实要看到长期的经营结果，这么高的投入并没有创造额外的价值，这是不可持续的。我当时说得最多的一句话就是，（大众）点评和美团就像一个是爸爸，一个是妈妈，两个人生了一个孩子叫新美大。这个孩子你别嫌爸爸不够高富帅，也别嫌妈妈长得丑，你能存在就是因为有爹妈在。所以，不要去说爹怎么样、娘又怎么样。”

解决这种情绪问题的最好方法，就是用正确的方法、坦诚的态度和足够的耐心反复讲，干嘉伟觉得跟教育孩子一样。“合并之后，一些同行觉得机会来了，（出现了）各种黑稿子。合并有很多的事，很烦，确实很劳心，口水也说干了。”好在两家公司虽然发展路径不同，但都是比较简单的公司，而且线下团队被注入的基因都源自中供，“相当于大家的内力里面有一些相同的地方”。

离职

2016 年 3 月，干嘉伟认为线下团队整合工作基本达到了预期目标，他再次希望脱离一线工作。对于当初离开阿里巴巴时心里盘桓过的销售岗位的上限的问题，并未成为这次干嘉伟试图脱离的主要原因。

这一次，终于没有什么外力能阻挡干嘉伟转换工作状态去国外陪伴家人了。2016 年 7 月底，美团点评在武汉召开半年度的会议上，王兴宣布干嘉伟转任“互联网 + 大学”校长。干嘉伟并未离职，但退出了一线岗位。

此时，俞朝翎也成功辞职了。

在坚守价值观这方面，俞朝翎一如既往地被大家认为是中供的代表。在一次 P6 的升级考试中，河南一位年度业绩达四五百万元、位列全国前十的销售员答完试卷后，闲着没事儿，便上网核对了自己的答案，还跟同事说自己能考 97 分。那次考试是电脑答题，开卷考试，不允许上网，只允许翻阅纸质资料，所以，该销售员的行为是触犯高压线的作弊行为。最终，他直接被开除了。

其领导区域经理冯全林一则认为电脑答题却不允许上网查资料，是制度有瑕疵，对人性的考验太大；二则要开除自己的明星销售员感到于心不忍，便给俞朝翎打电话替下属求情。俞朝翎觉得，打这个电话就说明冯全林的价值观不稳，先把他骂了一顿。

冯全林说："我知道他这次是作弊，但他真的是作弊未遂。能不能不按作弊处理，给他降级降到 P4，甚至 P3，再划走他的客户，追罚他 5 万元钱？"

俞朝翎问："考试作弊是不是高压线？"

冯全林答："是。"

俞朝翎问："谁触犯高压线可以活？"

冯全林答："没有人。"

俞朝翎问："没有人，你还打这个电话干吗？"

……

经过多次沟通，冯全林的说辞依然丝毫动摇不了俞朝翎的原则，这位考试作弊的销售员就这么离开了阿里巴巴。

2012 年，俞朝翎带领"底子还是厚的"中供完成了 40.2 亿元的销售额，超过了年初预定的 38 亿元的目标，中供的续签率也超过了 70%。从另一个维度看，中供转入了新一轮的稳定期。2014 年离开阿里巴巴前，王正洪记得，以竞价排名为代表的增值服务的收入占中供总营收的比重已经达到了约 50%，中供的销售团队继续走在分流减员并提升人效的道路上。

但俞朝翎的体检报告继续出了问题，这一次是 14 项健康指标不容乐观。他并无大碍，但有一身因压力过大导致的慢性病。看到结果的刹那，俞朝翎慌了。

他把自己的体检报告递交给领导过目，“这个你得权衡一下，不要到时候赚了一堆的钱没命花。”2013 年 4 月，在推荐接替自己的人选通过公司考核后，俞朝翎抱着一定要“天天睡到自然醒”的愿望离开了阿里巴巴。此前一个月，俞朝翎在伟业时期便已熟悉的陆兆禧，接过了马云的阿里巴巴集团 CEO 的角色。

王刚知道俞朝翎离职时颇为吃惊，他重复了一遍很多人都对笔者谈过的观点，俞朝翎“才是最纯正的中供味道。这才是真正很傻很天真、又猛又持久的人，其他人都不算”。

外面的世界

俞朝翎得偿所愿了。他早上睡到自然醒……吃过午饭后，便进入了他的游泳时间……17 点半左右，他回家与家人一起吃晚饭……19 点左右，他与同学一起打羽毛球……哪天的日程表若不如此，那一定是去与亲朋叙旧——离开阿里巴巴后，俞朝翎捡起了此前的关系网，加入了各种同学会，与他们喝茶聊天。

他也不是完全闲下来，时值 O2O、“互联网 +”正热，他便担任了几家相关公司的顾问。同时，他与雷雁群一起开了个淘宝店，打算“学习我们以前都没接触过的互联网和电商”。接触的人和事多了，俞朝翎才知道，原来阿里巴巴之外还有一个世界，这个世界“同样很精彩”。

阿里巴巴的 13 年职业生涯期间，俞朝翎几乎没有 23 点前到家的记录，周末必须在家昏睡一天补充体力，交际圈子窄到基本上就是同事。今昔对比，俞朝翎觉得过去的生活怎么那么糟糕，其实生活应当比工作重要才对，现在自己过得“多爽”。

如此这般爽了几个月，俞朝翎意识到自己的生活走向似乎有点不对劲。他的锻炼习惯被一次出国旅行中断，平时妻子去上班，小孩去上学，俞朝翎在家里找不到人说话。于是他开车去找朋友们叙旧，但朋友们不堪其扰。

“一开始别人还卖你面子，他们哪怕是有事儿，都会放一放，但是你找的次数多了，人家吃不消。最后我想找人喝茶，都找不到人。”俞朝翎开着车满大街乱转，觉得全天下就自己一个人不学无术、无事可做。

至于那些一个月忙上三五天即可的顾问工作，俞朝翎遭到干嘉伟笑话：“顾问就是骗人的。”俞朝翎则回道：“难道我还有体力再去干一家大公司的职位吗？”但他确实认为，顾问这个角色“没啥成就感”。

“其实人太闲，没事儿可干也很无聊。（我）发现现在的生活好糟糕，怎么那么空？别人说我刚好有空了，我就杀过去。好兴奋！终于有人可以聊天了！仅此而已。”俞朝翎对笔者说，自己当时已经有了负罪感，过了半年后，更认为自己这段生活很无聊，还是在阿里巴巴的那段时光有意思。“当别人都在辛勤工作的时候，我无所事事。每天醒来的第一件事就是（思考），今天我要干嘛？而我才四十出头。这是什么感受？就是一种在虚度光阴的负罪感。男人总得有点事干。”

2014 年 9 月，阿里巴巴集团在纽交所上市。看着阿里巴巴的市值一路上涨，俞朝翎很开心。“有钱了。当初的努力没白费，这要感谢公司锁定我的股票。现在养老全靠当初公司锁定的那些（股票）了。”

回想起当年抛售阿里巴巴 B2B 公司股票的举动，俞朝翎表示坦然：

“是纯亏，真傻，但这种东西没办法。就这点眼光，能力达不到。那个时候哪知道，既然有套现，就代表这家公司还是不错的。谁知道？别人说你应该怎么怎么样，我说：‘如果我所有的股票不抛，留到现在再抛的话，那不得了！’对吧？你有多大能力，赚多大的钱，所以我也没有什么后悔的。只是和你（笔者）聊到了而已。

如果现在有一个人对你说，100 万元买你 3 个点股权，你干不干？肯定干的。拿 100 万元回家给老婆，你老婆肯定表扬你，说不错不错，创业几年拿回 100 万元，确实比打工好。那个时候我们就是这种心态。突然之间有人说拿 100 万元买我的股票，我想想，我还有很多（股票），这里就套那么点。行啊！套 100 万元出来，买车，还房贷，改善家庭、改善生活。苦了这么多年……每一家人，八九不离十都是穷孩子出身，有机会套现你不套现吗？现在想想，人就是这样，知足吧！人生的经历就得这么一步步地来。”

笔者不确定是不是针对同一时期的观察，王刚觉得，离职后的俞朝翎颇有大彻大悟之感，“已经开始洞悉人性阴暗的地方。我觉得他现在对人看得很透彻。原来（他）不是这样，原来（他）任杀任砍，无条件服从”。

入世

阿里巴巴集团上市后，在一次与阿里友人聚会的酒桌上，俞朝翎跟朋友“喝着喝着，喝高兴了，就决定再成立一家公司做投后管理”。

这家叫创业酵母的公司以猎头业务为流量入口——主要是销售各路

中供系人马为 COO、销售 VP，在服务企业客户的过程中再发掘培训、咨询、投资等需求。为了能抓住优质企业，创业酵母还在 2015 年募集了一支约 2 亿元的基金从事跟投。

投资是一个能让人永远活在社会变化前沿的职业，对半退休状态的人而言，它能让其不散发迂腐过时的气息，有事可做，还相对不那么辛苦。这变成了大部分有钱有闲、对世界抱有好奇心、不想被世界甩下的中供人的第一选择。

在淘宝工作了好几年的邵军望在 2015 年便对笔者预测："陈总（陈国环）、阿干（干嘉伟）把一个公司干到上市，再看一看，好像没什么事好干，就做投资吧。两年以后他们都会做投资，然后拥挤的风投圈里面多了几个大鳄。"

"我为什么开一家公司？很重要的一点是想跟年轻人多待待，听听他们的互联网语言。比如什么叫二次元？（可能不懂）我起码知道，总比不知道好，对不对？这样人才能活得久一点。"俞朝翎现在北京和上海各待半个月，工作确实与过去中供时期一样忙了，只是强度弱一些。同时，创业酵母的工作不会影响俞朝翎每年带家人出国玩一个月，也不会影响他与朋友喝喝茶、打打麻将的生活节奏。

创业酵母如今的年收入达到了千万元级别，约有 80 名员工。俞朝翎还没想清楚自己的使命、愿景、价值观，他说将来会有的。他自然知道，不少前同事觉得创业酵母这事儿太小了，但是俞朝翎不以为然："小归小，我的想法很简单，做一件自己喜欢的事情。"他还是"毫无疑问"地相信文化（价值观）等于生产力，只是"需要时间去慢慢打磨。外在的表现形式一定要经过加工，才能适合现在的人和现在的行业。"

对于那段闲居在家的日子，俞朝翎偶尔"想起来很爽"。他已经想清楚那段生活的问题了："不是你愿不愿意退休，而是没有人和你一起退休。人是群居动物，我喜欢跟大家在一起，我也不想说话，哪怕天天都是听别人讲，我都觉得很开心。我喜欢打麻将，人多。我打球会叫很多人，旅游也是一大堆人。我不喜欢一个人，也不喜欢两个人。喝酒我也不喜欢两个人，特别是越熟的人，越没话可聊，你知道的我也知道，你不知道的我也不知道。"

与对投资这个职业还抱有野心的王刚相比，俞朝翎的心态是"不着急"，"还想图什么？这世界上没有免费的午餐。你要赚钱，就得努力工作，那跟在阿里巴巴有什么区别呢？我们这种创业虽然是全力以赴，但心理压力没那么大。公司会有盈利，无非多赚少赚而已。有点事干好了，大家过得开心，干嘛要有那么大的梦想。我对物质上的要求也没那么高。"

有钱有闲

全网并无多少李琪或大嘴巴的增量信息。工商登记信息显示，大嘴巴公司仍处于存续状态。2015 年，上海市闸北区人民法院判决了一起大嘴巴公司与员工之间的工资纠纷。通过中国服装人才网[①]这个垂直招聘网站的招聘信息来看，截至 2017 年 12 月 29 日，大嘴巴仍在招聘新员工。至于其当初与大众点评的合作，效果并不显著，大嘴巴在大众点评的存在感并不强。

---

① 笔者不知道为何一个 O2O 公司会在垂直行业的招聘网站上发布招聘信息，而在拉勾网上却找不到大嘴巴或上海通吃网络技术有限公司的相关招聘信息。

不少中供人认为，李琪做大嘴巴就是玩了一把创业。“我觉得他（创业）就是闲得难受，找一点事干，就跟票友一样。”干嘉伟觉得大嘴巴选择的跑道完全正确，李琪的能力也很强，没做成的原因在于心态。“确实略微做得早了一点。但是没事，他有钱，只要他愿意坚持就 OK。关键是他干嘛要坚持呢？”

俞朝翎则声称李琪很少“跟我们交流这些事”，他们在一起会聊聊大行业的变化。李琪、俞朝翎、陆兆禧等人每年都以旅游的形式聚上两三次。罗建陆还常与俞朝翎在一起聊共同经历的事情，聊现状，聊当下对市场、行业的认知。

杨浩涌离职赶集网、创立瓜子二手车后，陈国环随之转任瓜子二手车的 COO（首席运营官）。换了一个行业，工作的性质还是一样。据杨浩涌的说法，做重复的事儿未免让陈国环心生倦意。于是，陈国环先是在 2016 年 6 月转任 CSO（首席战略官），又在同年 10 月底正式辞职。

在王刚眼里“还是有点深谋远虑，对很多问题的看法有套路”的陈国环学习了一段时间后，也转型做了天使投资人。俞朝翎对陈国环的转型举动并不奇怪：“不往这个方向转，怎么转？没事儿干也不行，跟我当年的状态差不多，还得找事做。”

陈国环不再需要北京、杭州两地奔波了。他搬回杭州，开始健身，过上了较为自由但又与世界密切接轨的生活，但这种状态似乎并不固定。笔者问过他，如果机会合适，是否还会出山，陈国环没有明确否认。

看着 58 赶集合并后，原阿里系的人纷纷变动，夏小虎也觉得没意思，便离开了公司。因为想来北京，他便同意被俞朝翎的创业酵母“卖”到了生活半径——这家刚向短距离即时物流转型的 O2O 公司，担任 COO。业务有起色的一年后，他辞职去东北滑雪，去东南亚潜水。笔者见到他的时候，他刚刚进入美味不用等担任首席文化官，兼管销售。他说他自己将来要写一本关于管理的书。

刚转“后卫”没几天，高瓴资本打来电话询问干嘉伟，是否有意在高瓴资本担任顾问。“也不是马上就让你来干活，先跟你说有这么回事。你算是稀缺资源，我们先挂个号。”高瓴资本显然希望干嘉伟能在项目中发挥作用。干嘉伟则希望在美团点评之外，有更大的空间发挥所长，同时还能平衡好工作和家庭。离开阿里巴巴的这几年，干嘉伟成了科学精神和技术的信徒，他更相信技术出身的创业者的成功概率，因为技术人才能将世界进行最彻底的解构。“解构得越彻底，才能重构得越有效率。计算机语言，就是用 0 和 1 重构世界。”

如今，干嘉伟待在国内和澳洲的时间基本上是一半一半。这让他的家人们已经颇为满足：“他们觉得挺 happy 的。以前我回去，一到家，我小女儿就问我：‘爸爸，你什么时候走啊？’现在他们的安全感好了很多。我一般可能会待一个多月，（这和很少在家）还是有很大的差别。”

跟俞朝翎有些类似，李旭晖离开阿里巴巴后也颇有些海阔天空的感觉。他终于有了大块的时间陪伴家人。他如今跑去英国、美国看望家人，在台湾生活，保持运动，也常因为处理私人事务的原因往来香港。

他同时在硅谷做了两家科技企业的天使投资人。“有一些台湾的朋友退休后再创业，想借助我对内地的了解，帮他们介绍关系，给他们一些建议，希望我做一些投资。同时，我也希望能够把自己的经验与资源带给朋友一些实质的帮助。”

回想起在中供的日子，李旭晖还是因为“能够发挥所长”而感到开心。在那些日子里，他能够获得认可，想法可以落地，还与一帮好相处的老中供热热闹闹。累是累，但确实是不错的生活状态。“这样回想起来，还是（阿里）创业那段时间最开心。”

不过李旭晖也就是想想，他不会像俞朝翎那样再跑去创业了，他已经是快当爷爷的年纪了。他目前最常有的心境就是祥和，“奋斗那么久，就是为了这个家庭，这种自由选择的权利，一切都很好。能够随遇而安是最好的。”

再入世

2017 年 1 月，吕广渝宣布因家庭原因离开了美团点评。真的是家庭原因，他携家移民美国，当了全职父亲——陪孩子练习冰球，同时关心教育。干嘉伟觉得吕广渝的打算是先把家庭安顿好，“将来他做顾问或者做投资，也是顺理成章的，一点都不奇怪。”

但吕广渝喜欢波澜起伏的状态，喜欢站在时代的脉搏点之上。笔者认为他也想使用好自己在孩子学时期的创业经验，所以选择了创业。2017 年，吕广渝作为创始人和 CEO 的猩便利成为新零售领域最热门的创业公司。

跟绝大多数同事的选择不一样，叶程坤选择了与过往从业经历完全不相关的财富管理行业。2012 年，他在江西区域经理任上离开了阿里巴巴。2014 年，俞朝翎、叶程坤等人发起成立了旨在连接阿里巴巴离职员工、企业高管、创业者等资源的北橙会。就在这一年，叶程坤发现自己过去的老战友、老搭档们要比起 2007 年阿里巴巴 B2B 公司上市时更加富裕，但他们拥有的理财知识却还是大同小异。

于是，叶程坤与几个在华尔街做投行的朋友联合创立了荷马金融，希望能帮“2036年成为全球第五大经济体”的阿里巴巴员工做好海外资产配置这个技术活儿。这时北橙会的发展也颇有起色，成为了阿里巴巴官方认可的校友服务平台。2018年年初，阿里巴巴的首任COO关明生赠送给北橙会一首“五言绝句”。

北国风光好，橙香飘万里。

初雪凝冬貌，心渐慕晨曦。

雷雁群、刘自成、罗建陆、黄榕光等人离开阿里巴巴后，纷纷募资做起了投资人。如果不对外募资，他们便使用个人的钱从事天使投资。从投资项目的存活时间、公开报道来推测，他们的投资战绩最多只能算差强人意，不知道这对他们造成了何种影响。但2018年年初，雷雁群和刘自成分别成为了瓜子二手车和人人车的COO。

雷雁群在瓜子二手车还能遇到一些熟面孔。陈国环离开后，祝孝平接管了全国业务一段时间。随后，由于瓜子二手车的员工规模膨胀得太快，祝孝平转岗人力资源，业务则交由曹士军带领。如今，雷雁群将统管瓜子二手车的前线团队，他还能遇到邓康明。后者在2013年因家庭事务离开了阿里巴巴，随后又回去，然后在2016年又离开了。邓康明现在是众海投资创始合伙人、福道管理咨询创始合伙人，也是瓜子二手车的顾问。

罗炜巍在跨境电商项目失败后，几经辗转，最后去了瓜子二手车负责车商运营。但笔者觉得这个志在创业的人根本无心打工。几经考察，他决定把“内蒙古的烤全羊，这种至尊美食和豪迈的文化输出到全国各地”。于是，他很快离职创立了来一头烤全羊，瓜子二手车创始人杨浩涌为其天使投资人。

继滴滴之后，王刚又投了ofo小黄车、运满满等独角兽企业，他俨然成了“互联网 +”时代战绩最好的天使投资人。在俞朝翎眼中，“非常有成就”的王刚，一直过着与专职机构天使投资人相比颇为怡然自得的生活。

王刚每年都有相当长的时间在世界各地闲游，在杭州时仍与罗建陆等人玩德州扑克。他穿着复古风的对襟衬衫，研究了很久禅宗。做天使投资一年后，王刚就进入了这种状态。所以，他没怀念过在阿里巴巴的日子，他认为自己“做天使的工作，过神仙的日子，为什么怀念过去?不怀念”。

这种悠游自在的日子被一起合并案终结。2017 年年底，在车货匹配领域厮杀多年的两家独角兽企业运满满和货车帮合并。作为一个互相妥协的设计方案，运满满天使投资人王刚担任合并后的集团公司满帮的董事长兼 CEO，这被大家一致接受，王刚则以入世修行的人生态度接受了这一方案。

除了张晖外，王刚将在满帮遇到不少中供人，比如王正洪。58 同城与赶集网合并后，王正洪先带了一段时间的招聘线。当他通过战绩证明了赶集人很牛后，离开了 58 赶集集团。他并未接受杨浩涌、陈国环的邀请加入瓜子二手车。王正洪告诉笔者，自己希望获得更多的突破。王正洪去了运满满担任 COO，在那里，他统率着一支数千人的新铁军。

悍将冯全林如今也成了 COO。他在中西部大区待的时间实在是太久了，阿里巴巴 B2B 公司好不容易才将他调至浙江大区。但他待的时间不长，便跟随孙利军去了农村淘宝。然后他又回到了中西部，担任村淘的中西部总经理。2016 年，冯全林进京担任了易到用车的 COO，干了一年多善后工作后，2017 年年底，冯全林告诉笔者，他将履职新奥 e 城 e 家 COO，该公司是新奥集团布局“互联网 +”的子公司。

冯全林来到北京后，感触颇多。他认识了不少新朋友，看到了很多创业者的不易，也体味着内心的激情和困惑。“挺有意思，来得挺值。我特别感谢当时来了北京，今天的视野完全不一样了。”回想俞朝翎要开除自己的明星销售，冯全林说自己现在更加坚信价值观了。“当时如果我是负责全国的话，我一定会留他一命（考试作弊被开除的那位明星），但是俞头没有留。俞头的价值观坚守得比我要好，这就是老同志经得起考验。如果今天我在那个岗位，我手起刀落不会丝毫犹豫。如果违规的是明星就网开一面，不是明星就趁机干掉，制度因人而异，这个公司会乱。”

中供系的传奇销售员贺学友半退休后，曾经很迷茫，不知道人活着的意义是什么。他进行过许多说走就走但并不开心的旅行。一次，他刚登上去马尔代夫的飞机，“就知道我错了，我是一个人”。结果，贺学友在孤岛上吃牛排、抽雪茄、喝红酒……“你说有什么意思？”

现在贺学友找到了方向。他转战新零售行业，成为了主打办公室无人零售货架的果小美的联合创始人。贺学友又将与把他招进阿里巴巴的干嘉伟经常见面了，后者是果小美的“参谋长”，据说还将深度参与果小美的战略制定和业务决策。

见了两次张强，笔者没觉得他迷惘过。他的目的很简单：自我成长。在此指引下，张强可谓节节高升。当年他离开美团前往去哪儿网组建了目的地事业部，建立了一支 2600 人的地推铁军。他们不仅在挖掘酒店供应商方面大放异彩，还带来了扎扎实实的数亿元收入，让去哪儿网看到了赢利的苗头。

从 2015 年 9 月开始到 2017 年 1 月，张强几乎不停歇地一路升迁至去哪儿网总裁。直到他想换个跑道，晋升之路才算告一段落。2016 年年底，携程战略投资了去哪儿网过去针对民宿行业孵化的一个项目，并将其升级为旅悦旅游集团。

张强看好这个风口。他个人也投资了旅悦旅游集团，从 2017 年 3 月开始，他将精力全部投注于该处。2017 年 10 月笔者见到他时，旅悦旅游集团已经拥有约 300 位员工，开了 24−25 家店，正在装修近 30 家店，签了 30−40 家店。用张强的话来说：“现在已经基本结束打样，慢慢要开始快速扩张了。”

现在隔 1 个月，张强还是会重看当年的周报，还会补充新的感悟。这个喜欢被人叫强哥的“激情小王子”觉得越来越多的行业不会分开，不再把工作和生活泾渭分明，享受工作的同时，把它当成生命的一部分，就能学着保持激情。他现在越来越喜欢阿里人常说的借假修真：“遇到的困难是假的。在这个过程中，自己能成长，能够帮助别人，这是真的。”

第十二章　再回首

佩服马云

据说，扬子江在深圳过着闲云野鹤的生活，不知道其心境是否如邵军望那样潇洒。不少曾受处分的人心里并没解开黑名单事件这个心结。有人觉得黑名单事件是马云心中永远的痛，也有人表示，是不是马云心中永远的痛，只有马云说得清，但这是很多中供人心中永远的痛。

张卫华相信，黑名单事件对很多人而言都没有过去，只是大家相聚时没必要提起它而已。张卫华通过布道教育在近 4 年时间里培训了约 3 万家中小企业，他过足了讲师的瘾，也找到了人生的下一章。在 2015 年的一次培训活动中，新三板上市公司搜才人力的董事长张建业听完课，找到张卫华说，他在人力资源领域做 SaaS（企业级服务）。这刚好是张卫华的兴趣所在，于是，搜才人力与布道教育合并，张卫华出任集团 CEO。

2015 年，干嘉伟与张卫华一起吃饭、喝酒，两个曾经受处分的人难免聊聊黑名单事件。干嘉伟对张卫华说道："谁说中供的管理又刚又脆？"一直努力保持观察者视角的张卫华感慨道："黑名单事件对我们而言是一个很深的内心伤痛，只有喝了酒才会聊这件事情。"

2016 年，黑名单事件中遭受处罚的刘自成做了一个梦，梦到马云重新发还了他们因黑名单事件被扣除的几十万元奖金。这当然不是说刘自成记挂着那笔钱，他只是仍旧感到寒心和委屈而已。

所以，似乎模糊的事儿，会梦到的事儿，还是少聊为妙。李旭晖说，他跟中供老人见面，都会心照不宣，对黑名单事件避而不谈。

“我跟阿干私底下从来不讲这个事情。不谈黑名单，谈什么黑名单呀。黑名单这个事大家都知道，也没有更好的解决方案，去谈它干嘛……聚在一起要开心，不能不开心。聊当年的丑事，谁出过谁的洋相，其他就不谈。”事实上，俞朝翎会刻意谈未来相关的话题，避免老兵叙旧的状态，因为“在刹那间会觉得这种感觉非常不好”。

俞朝翎并非对阿里巴巴心怀不满，事实上他很感恩在阿里巴巴的 13 年两个月。“从 2000 年 2 月签合同，一直到 2013 年 4 月出来，我一点都不后悔。（说我们）被洗脑，很开心，我一点都不后悔，我甚至很感恩。现在在外面混的资本里，理论基础是阿里给的，实战经验是阿里给的，财务自由也是阿里给的。全是阿里给的。不然我混什么混？”

受过处罚后离开的人，在经历了幻灭、心痛、解脱、麻木、怨怼、无所谓等情绪后，多数人颇有幡然醒悟之感。他们未必能完全理解马云，但都感谢和钦佩他：“老马、公司对我们不薄。我们以前都是不合格的，公司把我们放在这个位置上，做着做着就合格了。当然有自身的努力，但是先决条件是公司给我这个机会了。”

“马云说：‘我最后悔的就是创办了阿里巴巴。’大家都说这个太虚伪了，在胡扯。我是觉得他没有乱说。你让他再选择一遍，他可能还是会办阿里巴巴。但是他在某个时点、某个场景下，他有很强烈的（后悔）感觉。那也绝对是真的，并不是在矫情。阿里巴巴越干越大，竞争一直那么激烈。那怎么办，只能硬顶着了。”干嘉伟觉得阿里巴巴能从杭州这个互联网世界的边缘城市杀出重围，既是因为杭州背靠浙江的轻工业基础和外贸地利便于 B2B 模式起家，也是因为“马云很牛”。

张卫华觉得马云非常值得敬佩。“1995 年[①]，马云就是这样。我们讲侠之小者，路见不平，拔刀相助；侠之大者，替天行道，为国为民，让天下没有难做的生意。这其实是一脉相承的，你是一个什么样的人，可能是未来天授的使命，你创业的方向就是这样子。”作为一个企业的创始人，张卫华同样佩服马云：“他十几年以来说的是同样一套东西。这是多大的一份能力？他提前享受了成功，他提前把自己放在了这样的位置上，才有今天的成就。”

王永森觉得外界流传甚广的阿里巴巴喜欢给员工洗脑一说完全是误解。“其实是你首先要成为你自己，而不是说你找不到自己是谁，然后成为阿里要的人。我们对于人才的培养，最重要的是首先让你成为自己。你可以做你自己，而且你必须先做好自己，你要真实。阿里的价值观，像客户第一、团队合作、激情、敬业等都是普世性的，只是它会特别强调。因为阿里其实每天都在变化。阿里从来没有说要改变一个人。你会发现，十年前的陈国环、扬子江、阿干和今天的他们是没有区别的。阿里文化非常好的一点，是把个人的味道保留下来。这是阿里最珍贵的地方。让你成为自己，同时告诉你正确的方法和原则。”

对离开的人而言，缘尽于此。除了中供成立 15 周年、阿里巴巴集团 18 周年这种大日子外，俞朝翎没回过阿里巴巴。“公司好几次叫我回去，我都没回去。（故地重游）游它干嘛。那么多能让你有回忆的地方，就别去了。有越多的回忆、越多的感触，越说明你人真老了。我肯定要

---

① 指杭州电视台测试路人勇气的“窨井盖试验”，马云被证明很有勇气。

避免这种感觉。”

俞朝翎不会刻意去关注中供了：“碰到了就顺带聊聊，没碰到也不会去关注。佛说出世必先入世，入世必先胜之。就是说我在人世间的所有事情都要进入去尝试，并且还能够自拔。”

中供的模样

在已经拥有数不清的事业群的阿里巴巴，中供确实没太大变化。随着中国 GDP 增长对出口贸易的依赖度逐年下降，中供付费会员数勉强保持在 10 万家左右，这个数据与地推铁军数都上不去了。金华圣地威风不再，浙江也被广东全面压制。2013 年年底接任浙江大区副总经理后发动了几场战斗、取得了一些战绩的冯全林承认：“浙江（大区）算是成功了，完成了阶段性的历史使命。”中供的营收与利润仍有增长，但与阿里巴巴集团的层出不穷的“后浪”业务相比显得乏善可陈。这个曾经的老大哥业务也不太自信。据《阿里巴巴与四十大道》一书记载，2017 年戴珊重回 B2B 团队后表示“中供铁军的味道还在”，但“曾经那股天不怕地不怕的劲儿少了，对自己的怀疑多了，总挂念着集团会怎么看 B2B。”

这些年的变化里，最值得一提的便是中供在 2015 年推出了合伙人计划。它允许拥有三年管理经验或五年销售经验并且 P6 以上的销售员，离职去注册一个独立法人公司成为中供的代理商——阿里巴巴称之为合伙人。合伙人可承包一个主管级区域，该区域内的新老客户都归合伙人所有。合伙人身为创业者，自行承担一切人事、行政、办公开支。

合伙人需缴纳10万元保证金（可退），但没有传统代理商需要承担的品牌授权费等支出。为了帮助合伙人起步，阿里巴巴官方会送给合伙人大约20个客户。阅读至此的读者应该知道，在中供，送客户就是直接送钱。

没错，这是卫哲当年的中供直销改代理计划的延期诞生。卫哲还告诉笔者，他们当年定的代理商资质便是“五年陈”，也就是只有在阿里巴巴待满五年的员工才有资格担任代理商。无论是当年，还是现在，直销改代理的初衷大同小异。

就单笔订单而言，因为要分给代理商更高的利润比例，所以鼓励现役地推铁军离职去做代理商会降低每一单的净利率，但它无疑也会大大降低阿里巴巴在中供业务上的管理成本、人力成本，帮助阿里巴巴分流规模庞大的地推铁军。据说，如今的中供铁军仅剩下大约1000人。

不对社会渠道开放，那是担心不理解阿里巴巴价值观的外人稀释了价值观的浓度，出现管理失控的后果。即便现在合伙人计划对社会人士开放了一点点口子，也是仅限跟阿里巴巴“沾亲带故者”报名。

听上去不错。刘永生看到第一期合伙人计划时虽然心生向往，但并未报名。刘永生在2008年被俞朝翎和方永新面试进了中西部大区，然后待到了2013年达到“五年陈”时离开。随后他参与过“互联网+”法律的项目，做过慧聪网的代理商，还干了近一年的猎头，最后一份工作是进入了一个汽车（重卡）后市场负责市场和运营。想创业的他计算后认为，阿里巴巴给的启动客户数太少：“本质上应该是代理商（不算合伙人）。是代理商的话，我们看诚信通看多了，压力和竞争还是比较大的。”

利诱不够，所以前几期合伙人计划并没受到中供现职员工的追捧。反思过后，中供表示，愿意给更多的启动客户数。经过计算，刘永生认为可以盈利，便在三轮竞聘后，成了第六期合伙人，主管北京的大兴、房山区域。

合伙人体验

担任中供合伙人的最大体验是感受强力的管理。比如，合伙人将中供（产品）卖给客户后，接收客户款项的公司是阿里巴巴。阿里巴巴随之按照合伙人完成任务的比例，每个月结算给合伙人不同比例的提成——阿里巴巴称之为服务费，一般而言，服务费的梯形区间是 10%-40%。如果你联想到了中供的金银铜激励制度的话，那么你想对了。刘永生说，他们受到的激励制度与过去“近似相同”。

事实上，合伙人的员工培训、客户政策等，都与中供现职员工、主管的待遇一模一样。“我们的员工每个月跟阿里巴巴强连接，实际上他们成长特别快。他们几乎没有任何感觉是在代理商的公司。因为除了福利待遇属于合伙人公司，其他所有的通通都一样。和诚信通代理相比的话，我们是纯粹的阿里味道。”刘永生说。

中供有 3 个月不签单即开除的铁则，合伙人也需要接受每个季度的业绩考核。刘永生说这种考核方式比他过去在中供做主管和销售员时还要简单粗暴，“财务每个季度给你一个数字，你就搞去吧。”

所有中供主管的日程表，比如培训、周会、月会，合伙人几乎一样需要参加。当然理论上可以不参加，但结果就是合伙人及其员工很可能通不过阿里巴巴为数不少的内部考试。当然你也可以置之不理。

刘永生说，因为合伙人的结果会影响区域经理的绩效，所以区域经理是关注比较多的。

比如下达季度任务的时候，据说区域经理有权将合伙人的目标做一些调整。比如，区域内的相关推广活动，也可以不用参加了。

听上去有些霸凌的味道，但刘永生认为这是为了合伙人着想。“比如后台产品变更了，要不考试的话你就不熟悉，那客户问起来你怎么回答？因此产生了投诉，投诉多了就属于二类违规。一年内两次二类违规，就要被清退。”刘永生告诉笔者，他用更胜以往的力度监督员工不可触及中供的高压线，“员工犯错就是合伙人承担责任。他们犯的错会对我有影响。”

简言之，阿里巴巴基本上是把合伙人当作自家主管来使用。外人看来，这般强力的钳制简直难以忍受，但合伙人计划确实在中供体系内逐渐受到了追捧。

原因是公司给的启动客户数越来越多了。刘永生说：“之前给二三十、三四十、四五十、五六十，慢慢放，现在给一百以上的都有。这是后来那么多人抢的原因，后面还有人排队呢。”

虽然被管得厉害，但针对合伙人的激励标准不同。比如都是金银铜制度，合伙人的业绩达到 10 万元就算银牌，而中供在职人员的银牌标准是 25 万元以上。也就是说，做中供合伙人确实能挣到钱。刘永生给自己定的 2017 年业绩目标是 1000 万元，至于归属到他公司的收入是多少，刘永生拒绝透露，只是表示自己肯定是“赢利的。不赢利怎么养活这些兄弟们”。

可能他所言非虚。笔者去刘永生公司时，那儿有十几名员工，他还租下了另一层办公室，正在装修，以准备招聘更多的员工。但也不要对合伙人的赢利状况太过乐观，因为刘永生的业绩在其所属的北方大区 55

个合伙人里，大约排在前五位。

至于独立性受损的状态，刘永生认为其实并不重要："区域经理会把你当成一个主管去管理，但你自己要不要把自己当成一个主管，那是你的事。"

局部创新

合伙人计划符合阿里巴巴客户第一的价值观，因为现在阿里巴巴能通过合伙人去服务偏远地区的客户了。这些合伙人并不是承包中供的核心业绩大省，即便合伙人被分到了核心城市，也是在核心城市的偏远地区。如此一来，合伙人等于是在为阿里巴巴直销体系下难以覆盖的区域开疆拓土，而且是更有主人翁精神的扩张。

"（合伙人还是体系内）对于客户来说没有任何关系。客户只有好处，没有坏处，因为我是独立核算的。因为独立核算，我肯定希望客户永远做中供，我肯定比我在阿里巴巴时还要好好服务他，对吧？"刘永生表示。

合伙人计划推出后，以前几乎没有存在感的新疆、内蒙古、黑龙江、贵州等中国边远地区，出现了中供合伙人的身影，而且业绩都还不错。如今，中供在全国范围内拥有大约 200 位合伙人。按照一位主管带 10 位销售的传统配置，大家可以想想，通过代理商来销售中供对阿里巴巴而言的意义有多大。

对刘永生自己而言，合伙人的经历比此前的中供生涯更有成就感。"从现在做了两年的角度来看的话，合伙人的迅猛发展和成长远远超过体系内的兄弟们。这么说，我们拿着 10% 不到的客户，做出了整个区域 20% 的业绩。我们每个人每个月都能够签两三单新签，体系内的兄弟可能没有新签的（客户）。

体系内有的人有养尊处优的感觉，每个人包了五六十家客户，一年挣二三十万元，感觉很舒服。我们招的人可能比体系内招的人要求没那么高，但是我们的业绩更好。我们的服务又更贴近客户。当然，体系内现在也有些如履薄冰吧，因为不知道什么时候又开合伙人，又会分走客户。”

在阿里巴巴 B2B 业务越来越强调系统和线上运营的当下，刘永生知道中供的变化会不断，但相信几年内的影响不会太大。而且刘永生也发现了更多的需求，自己或许有能力来满足他们。他觉得当自己有 300 家客户的时候，或许能够代理更多阿里巴巴的产品，或许也能代理诸如翻译、代运营、招聘、美工等非阿里旗下的产品，“如果做得好，都可以去承接，你就成为中小企业本地化服务的中心。”

显然，刘永生身上体现出了一些陈国环当年掌管诚信通渠道时的发散思维，也折射出了些许卫哲当年对 1688 平台保留渠道体系的期待。刘永生自己则认为中供发展合伙人肯定不仅仅是为了降低成本、“甩包袱”，自己这些试探性的想法或许也是阿里巴巴推出合伙人计划的初衷之一。“一个主管组在大兴，就只能做中供。但如果你是一个合伙人，在你做得更好的情况下，是不是还会有些别的业务能够衍生出来，可以去做一些别的东西。”

“从公司大盘的角度上来看，让它去关注一个小角度的创新很难。让中供内部体系去变革，也很难，还不如就在组织上革新，让中供人自己去创业。它其实更希望我们内部有创业的这种刺激。”

聊完，刘永生看着微信群告诉笔者，自己要被罚款了，因为他还没完成前一天接受培训后应写的心得。

如果，如果，如果

谈起阿里巴巴 B2B 公司的现状，卫哲既有自豪，也颇多遗憾。比如中供的时间窗口实在清晰可见。“阿里系永远需要一个地推团队做一些工作，我们把中供当作一支开拓西部的垦荒团队。中供如果还有这个铁军，农村有 5–10 年可以扫，淘点点还有 5 年可以扫。中国的电子商务是被铁军人肉搬上来的。得搬一次，但是不能搬上瘾，因为最终会（开）拓光的。”

一达通的发展颇为喜人，在被阿里巴巴收购仅一年后，一达通的营收、客户数、员工数差不多翻了三倍。2014 年，阿里巴巴收购了一达通剩余的股份。2015 年年底，中国供应商们在国际站的行为和真实贸易数据等被用于积累其信用保证额度，而阿里巴巴将在一定条件下帮助供应商向买家提供安全保障。一达通当下的营收来源也确实如卫哲、魏强当时的计划，成了金融服务。2016 年，一达通的外贸交易额达到了 225 亿美元之巨，客户数也超过了 8 万家，并为超过 6 万家外贸企业完成了近 240 亿元的贷款融资。

但卫哲觉得一达通并没有充分挖掘精准数据的价值，而且只停留在资金流的环节，没有往后延伸。“真实数据有两个重要的性质，一个叫真实的数量，一个叫真实的价格。第二件事，如果我再发布外贸数据的资讯，是不是很准？我比海关还准，因为我可以细分到海关不愿意细分的行业，我准得不得了。如果我有真实的数量和价格，我就应该推集采，这是站在买家角度，要么推集售，站在卖家角度，（也就是）正向加反向的团购。如果没有真实数据切（入）物流，量是拼不起来的。我可以切（入）物流，这批货报关后，海运的量是很准的，多少个集装箱，去哪儿……（有这些数据）我不去做物流？如果我继续做下去，肯定要做物流。”

卫哲对速卖通也有不小的遗憾。如今速卖通的卖家中有 3 万 -4 万是中供会员，如果将速卖通看作一项增值服务的话，这个数据能证明卫哲将新续分开，并破釜沉舟推出“狂风行动”的正确性。“如果中供还是 2 万客户，不是 10 万客户，你说速卖通有多少（卖家与中供重合）？这个比例是不会变的。所谓增值服务一定是部分人想用，部分人不用。（如果）2 万中供客户，有什么好 Work at Alibaba 的？如果转化率为 10%，那才 2000 家企业来我这儿 Work。”

但是，卫哲觉得速卖通的“味道”不是他想要的。卫哲认为速卖通的业务布局没跟上变化，一直停留在类似淘宝的 C2C 时代。“速卖通的客单价一直停留在一两百美元，太低了。但我不反对做一两百美元。还是金字塔底座，金字塔底座是由一两百美元（客户）构成的。”

“速卖通没有去研究和解决真正小 B（企业）的进货。当时我觉得纯线上很难完成一万美元以上的交易，线上提供的便利性和客户承担的线上风险是不匹配的。速卖通应该在一千到一万美元，一定要开辟这一档，那么，我提供的服务种类、品质，必须往上提。一千到一万美元不一定是全款，那么，金融服务要跟上。境内先做物流，跨境先做金融；支付、境外的物流也要跟上。一千到一万美元肯定不是小包（装），肯定得有集装箱，或者拼箱，或者整箱……这么说，至少在速卖通应该把天猫也开出来。速卖通（被）划到阿里国际去了，不在 B2B，很可惜。

（把）速卖通划出去是不对的。”

这辈子最大的遗憾

速卖通、一达通毕竟是卫哲当初花了绝大部分精力想得更通透的事儿，虽然事后看来有些差池，但还在既定的轨道上。原先的国内事业部，也就是 1688.com 才是卫哲最大的遗憾。

在他的计划里，1688.com 在 2011 年的任务是扩大客户数，然后向交易和服务类产品——渠道体系将在此发挥巨大作用——转型。1688.com 的巨大流量，将给企业服务领域的诸多 B2B 细分行业带来巨大冲击。

“再往后面干就是运满满、货车帮的事。那是阿里干的事，当然后面也是阿里的人出去干的。他们为什么干得这么累？没货源、没客户。阿里有客户、有货源，在 1688.com 平台交易，交易就产生了真实货源。我（可以）立即整合物流，我干（物流），肯定不是车货匹配，肯定是团购。从义乌发车，今天包一百辆车，一千辆车我都敢包。（平台）有这么大的交易量，这么大的客户数，我包不起来吗？把价格研究透了，肯定可以包。”卫哲觉得可见目标还包括 58 同城，“我还想干什么你知道吗？围绕中小企业的服务，我要把 58 同城干掉。本来要动手的，我们推服务，就是干这个事。58 同城都是企业服务，比如招聘，我们干嘛不能做招聘？如果一个企业招 50 个蓝领，（平台）多少企业，（得）多少蓝领？”

卫哲觉得，若不出大错，到 2017 年，1688.com 的成交总额（GMV）应该超过 1 万亿元，阿里巴巴能从中获得的收入应为约 100 亿元——全部来自交易或服务性质的业务，利润则能有 20 亿 -30 亿元。

结果当然不是如卫哲所想。他辞职后，“完全相信卫哲打法”的邵晓峰干了一半被调走，2011 年 6 月，叶朋接管了 1688.com。“什么东西再隔一代就讲不清楚了。”卫哲只能感到后悔和着急，“我离开，最后悔的是这个团队做完第一阶段，就拼命扩大第一阶段的规模。不要无穷无尽地扩大底座，你得往上搭金字塔了，没搭。1688.com 到现在还在做不收钱的买卖。我急也急死了。”

如果中供、一达通、速卖通、1688.com 的转型顺利，当初阿里巴巴 B2B 公司的转型路线图就到了最后一步，在中国进口贸易一定会崛起的预期下，开展中文站的国际外贸业务：依托 1688.com 的流量，海外卖家入驻中文站后，直接与国内买家发生交易行为。阿里巴巴可以在入驻环节收取会员费，交易环节也能收取费用。

也就是说，阿里巴巴 B2B 业务可服务中国买家、卖家和海外卖家、买家这四种角色，并且互相打通，自成一体。“当时想清楚五件事，国际站两件事，中国站两件事，都是一件交易、一件服务，再做一件事（就是）打通内外贸。”卫哲说，这是马云当初把包含内外贸的阿里巴巴 B2B 公司交给他的原因之一，“这两个（国际站和中国站）可以独立吗？”

不过，中文站的国际外贸业务过于超前了，卫哲在当年也只是如此构想而已，“项目组还没成立呢，就两三个人知道”。

对于那套只实践了三分之一的转型路线图的后续发展，卫哲知道是无可奈何的事情，他也能理解：“味道没完全做出来，但是本质已经是很不容易。”对于阿里巴巴 B2B 公司的转型成了他的未竟之业，卫哲很难得地露出懊悔的表情：“遗憾，巨大的遗憾，这辈子最大的遗憾。”他相信，如果能完成那次转型，单是阿里巴巴 B2B 业务便能有 3000 亿美元的市值，“跟淘宝差不多”。

从其掌管的嘉裕基金的投资思路来看，某种程度上，卫哲在用投资来填补留下的缺憾。“我们今天投的美设国际物流就是我在阿里想干的事，就是拼箱、拼柜、拼船。人家做了十多年，只做这一件事。我知道这个能做，但阿里不做。我离开阿里，我不能等阿里（做），那我就投呗。”

奠基者

对于黑名单事件，卫哲认为，马云之后做了不少补救动作，比如仍旧给予中供价值观典范地位的定性等。“后面无数次中供的会议，马云都会回去，都说了（价值观典范）。刚刚 18 周年以后，B2B（中供）的又一次会议，马云回去第一句话还说这是阿里的根，不是业务的根，是价值观的根，是团队的根。他一直要说这个话。”

确实如此。根据《马云内部讲话 2》所载，黑名单事件后，马云在中供内的多次讲话都体现出了这一点。比如 2012 年 7 月，阿里巴巴集团将旗下业务划分为淘宝、一淘、天猫、聚划算、阿里国际业务（ICBU，中供 B2B）、阿里小企业业务（CBU，1688.com，诚信通）、阿里云七个事业群后，马云参加了 B2B 的员工大会。

他再次强调：“没有 B2B，就绝对不可能有阿里巴巴到今天为止最引以为豪的价值观文化。正是因为 B2B 诞生了价值观文化，阿里巴巴在最困难的时候仍然能够坚持。回到 B2B，就感觉回到大本营一样……我几乎每天都在内网上，上很多趟（B2B）。看到 B2B 同事的回帖，我特别感动，不管你说任何话，我都觉得你讲的都是对的。因为讲的是真心的话，因为这是一种信任，所以简单。我还很少看见 B2B 同事上来以后，乱说一通就跑掉的。”不过马云还是感到内疚，“心里特别难过，来的时间太少。”

早已离开中供的吴志祥想必会赞同这个判断。他跟笔者说起江苏大区的一位老同事。那是一个周六，吴志祥等人在苏州某湖心小岛上聚会喝酒。中午十二点，酒酣耳热之际，这位老同事突然表示，自己无论如何要找一条船回到陆地，再开车回无锡。

吴志祥问他：“你回无锡干嘛？”

老同事说：“下午两点要开会。”

吴志祥问：“为什么要开会？”

老同事说：“十几年都是这样开。”

吴志祥说：“兄弟们好长时间没见面了，你请个假。”

老同事说：“就是地震、下刀子了，我也得赶回去开这个会。因为我十几年都是这样子的。”

吴志祥说：“我说你真是的。我见过‘贱’的，没见过像你这么‘贱’的。你几千万身价，请个假不就行了吗？”

吴志祥跟笔者回忆那时的画面：“他突然像神经病一样跳起来，说要赶回无锡。我估计阿里中供部队十几年来一直这样。周六是没有的，下午两点要（赶回去）培训。我觉得他太可怜了，他已经做了十几年，已经形成条件反射了，什么都不考虑，根本不考虑（包船）成本，就像神经病一样。”

“他说话还是有点结巴，然后老实到……说实话，我跟他说，他去要饭的话会是第一个被饿死的。但是十几年的阿里成就了他，他在无锡是所有外贸公司的座上宾，一年收入几百万元，股票再拿个几千万元。但是呢，他这十几年每个周六要去开会。这就是阿里，这就是阿里的中供。也许是成就了人，也许是重塑了人。”

笔者说：“阿里生涯对于你们的人生，尤其是待的时间久的人，有很大的提升。”

吴志祥说：“既有巨大的提升，也有一些负面的影响。这些人形成了思维定式。其实在程维之前那波中供创业的人，成功的机率非常非常小。”

笔者说：“那些人做的大多是代运营这种不太入流的生意。”

吴志祥说：“你对他们了解得太透彻了。为什么（做代运营）？是我们那段（中供）时间无比强烈的销售文化在他们身上打下的烙印。就做一件简单的事情，把这件简单的事情做到极致，十几年重复做到极致。”

笔者说：“我有时看到俞头、阿干这种干了十几年的人，觉得不可思议。”

俞朝翎说：“从性格上来讲，其实我并不是完全适合做销售。我比较害羞，也不愿意接触人，只愿意跟熟人打交道。其实我也不适合做管理。那个时候公司给了我很多机会，我自己也没放弃。在阿里的前期，我唯一的优势是足够勤奋。而且我们对于出名、当官都没欲望。以前我们选谁当官都是‘你当吧，我不想，我在你下面就好了’。我们没有什么很强烈的要把你踩下去，我才能上去的欲望。[①]”

王永森说：“不管什么时候谈起来，我都觉得中供是那种战场的感觉。极端的铁血，又极端的柔情，情感很深，非常强烈。每次想到中供，我们心里都有很强烈的撕扯感。因为几乎是在最年轻的时候，（我们过的）是集体生活。既是事业又是朋友，又是情感的归宿，很深、很浓。”

---

① 俞朝翎说的显然是指自己那一代人的部分人的经历。

俞朝翎说："走出了大学还能够（与人）住同一个房间，同吃一碗面，这种岁月不是每个人都能在人生当中经历的，这种经历很少有。总的来说，那段日子大家是很快乐的。最重要的是在阿里认识的一帮朋友，大块吃肉、大口喝酒的这种状态，很开心。我们总体上是快乐地这么走过来的，你能理解吗？"

笔者说："还是比较纯粹。"

俞朝翎说："非常纯粹。后来我们才明白，当时为什么能这样纯粹地活下来。原因很简单，阿里有天然的保护伞，文化和价值观把你和外界隔开，不会让你看到那些丑陋的东西。当我们跟客户接触的时候，没有请客、吃饭、送礼，或者别人在背后搞你。当然，这里面有业务模式的因素。因为我们面对的不是大客户，是中小型客户。（客单价低）天然就决定了你不需要去干那些事，不需要接触政府，不需要接触媒体，也不需要接触其他东西。所以你根本就没（外部）关系。"

"所以我一直说，一个人的成功，除了一半靠自己的努力外，还需要天时、地利、人和，归纳起来就是走运。因为一家公司的业务、培训模式等不是你决定的，是 CEO 决定的。"

笔者说："所以，要碰到一个有意识培养员工的创始人挺难的。但是你碰到了。"

俞朝翎说："我觉得这就是走运。"

吴志祥说："他们（俞朝翎、干嘉伟）还属于领导，一个员工干十几年，他已经形成条件反射了，做久了会把人变成机器人，就是江苏那个老同事。但是我告诉你，真正最后在中供沉下来的就是这批人。马云也说过，说实话，但凡有点想法的都出去了。像我们这种敏感一点，有点想法的，但凡有出路的都出去了。"

干嘉伟说:“这个也是没办法。有的事情，A 和 B 都是最好的。但问题是你在那个时候，要是 A 和 B 都做，你就做不好了，你只能做 A 或者做 B。很多时候是鱼和熊掌的关系。”

吴志祥说:“很有意思。你想，谁会知道一个只有两百名员工的杭州公司，会变成今天世界上一个……”

笔者说:“市值 4000 多亿美元的公司。”

吴志祥说:“对。”

笔者说:“我觉得中供这波人是阿里的精气神。”

吴志祥:“对！是奠基者。或许只能叫奠基者。”

后 记

这部书的完整度略有遗憾，我没找到多少中供系女性成员，虽然她们在销售业绩、管理能力、创业、创新等维度上并不突出。我没有采访到滴滴的创始人程维，虽然他在中供时的业绩不算冒尖，但他离职后的创业生涯确实代表了不断自我突破并获得阶段性成功的这条支线。中供系中也有不少从其他销售体系空降而来的管理层，我在这方面的着墨也不多。当然，我也没采访到中供系的两位至关重要的人物——李琪和马云。后者有很多公开书籍资料可做弥补和发掘，前者就没办法了。遗憾。

这部书在文本上也有点遗憾。它呈现出了一种杂志封面文章的气息，我认为它的直接引语过多，凝练的第三方叙述相对较少。这是我作为杂志封面写手的写作习惯导致的结果。我可以大幅降低直接引语，将其替换为第三方叙述的口吻，虽然对我而言并不构成技术上的困难，但这需要更多的时间和精力，我无力企及了。

本书还出现了一种不平衡的状态。没几个受访对象是仍在中供任职的，我的一手信息来源几乎全部来自已经离开阿里巴巴的中供系成员。之所以如此有两个原因：一是我的受访对象大多得到了其他受访对象的推荐，而他们很少推荐我去采访中供系的在职成员。有个别在职成员得到了推荐，但是拒绝受访。二是由于种种原因，我不愿意通过阿里巴巴的公关部来邀约受访对象，这降低了我接触中供系在职人员的概率。对于第一个原因，我判断已离职的中供系成员提供的素材量，支撑住完整的故事已绰绰有余。

一般而言，离职员工提供的关于前东家的信息偏向负面，这会影响写作者对一个公司做出准确的判断。但通过阅读阿里巴巴集团的内部资料、相关书籍、相关报道、相关速记、相关视频等，通过交叉验证不同受访对象对同一事件或观点的叙述，前后对比单个受访对象在不同时间对同一事件或观点的描述，我认为自己已经尽可能规避了不可取的素材。书中如有差错和判断不当之处，第一责任人是我。

写完这部书还回答了我曾经的一个困惑。靠销售员获取客户和用户自有其上限，而且从 80 后这代人开始，中国的每一代人都将是互联网原住民。那互联网公司还需要销售员吗？换言之，如果这个选题的生命力看上去只有两三年，那我有必要这么劳心劳力吗？

答案是需要。因为销售这个角色在商业活动中的价值是缩短消费时的决策过程。当一个产品或服务的接受门槛足够高时即需要销售员的助力。所以，QQ 会员不需要销售员，但中国供应商就需要销售员。当中国供应商不再需要那么多销售员也能保持较高的业绩增长时，团购又开始需要海量的销售员，随之而来的细分行业还有分类信息、SaaS、新零售、二手车等。换言之，市场上永远会有接受门槛较高的产品和服务存在，它们永远需要销售员。

而且销售是一个“懂人心、识人性”的过程，它天然有助于一个人的管理能力的增长。中供系能出产如此多互联网公司的 COO，便是因为这些过去的销售员在中供时已将激励体系、考核体系、团队氛围、组织架构、企业文化等练得滚瓜烂熟。将这些能力运用于不同的行业和领域需要些额外的天赋和历练，毕竟大道相通。

在这个时代，用两年半的时间用心写一部近三十万字的书（分两册陆续出版），除了我自己的坚持不懈外，首先要感谢我的妻子晶晶。我并非自由记者，我是以重读创始人的身份在写书，而她对我离职创业给予了足够的包容和支持。她鼓励我，也希望我去追逐自己在事业上的梦想。哪怕写书期间的收入很低，哪怕我面临写作技术上的难题而导致状态的起起伏伏，哪怕我们也偶有争吵，哪怕面临着从一篇万字长文到一本几十万字的书的大转折，哪怕我因写作不顺等原因在结婚典礼上都有些不在状态，她也从未逼迫我放弃创业、放弃写书。我很荣幸，也很庆幸在人生旅途中得到了她做我的妻子。“我爱你！”

感谢我的父母和岳父母，他们在支持我的创业之余，还尽量降低了我的经济压力。我也非常感激我的九位投资人，从一篇文章直接变成一本书，意味着公司在两年多的时间里几乎算是一片空白。这在我的很多投资人的投资经验中或许是第一次接触我这样的项目。感谢他们都以自己的方式给予了我足够的支持和理解。

感谢我所有的受访对象，好多人的人生的第一次深聊是与我进行的。与你们交流，咀嚼你们的人生过往，也让我学到了很多。谢谢出版策划机构创研社团队对这部书付出的诸多心血，以及对我追求完美导致的漫长拖稿的忍耐。谢谢我的前同事陈楠，在我六神无主的时候给这部书走向出版流程给予了很多建设性的支持。

写完这部书，我还收获了一个结论式的人生经验：我写稿确实需要被人反复督促。当我明确认识到这个结论后，有些羞愧和尴尬。

图书在版编目（CIP）数据

阿里局. 2，逆袭者 /和阳著. —广州：广东经济出版社，2019. 4

ISBN 978 - 7 - 5454 - 6670 - 6

Ⅰ. ①阿… Ⅱ. ①和… Ⅲ. ①电子商务 - 商业企业管理 - 经验 - 中国Ⅳ. ①F724. 6

H　　中国版本图书馆 CIP 数据核字（2019）第 037048 号

出 版 人：李　鹏
责任编辑：陈念庄　黄　炘
责任技编：许伟斌

阿里局 . 2，逆袭者
A LI JU . 2，NI XI ZHE

出版发行	广东经济出版社（广州市环市东路水荫路 11 号 11 ~ 12 楼）
经销	全国新华书店
印刷	三河市国英印务有限公司（三河市杨庄镇杨庄村）
开本	787 毫米 × 1092 毫米　1/16
印张	16
字数	200 000 字
版次	2019 年 4 月第 1 版
印次	2019 年 4 月第 1 次
书号	ISBN 978 - 7 - 5454 - 6670 - 6
定价	59. 00 元

如发现印装质量问题，影响阅读，请与承印厂联系调换。
发行部地址：广州市环市东路水荫路 11 号 11 楼
电话：（020）37601950　邮政编码：510075
邮购地址：广州市环市东路水荫路 11 号 11 楼
电话：（020）37601980　营销网址：**http://www.gebook.com**
广东经济出版社新浪官方微博：**http://e.weibo.com/gebook**
广东经济出版社常年法律顾问：何剑桥律师

赢在细节，输在格局。